일상적인 것들의 철학

일상적인 것들의 철학

쉽게 대답할 수 없지만
묻지 않을 수 없는 것들에 대하여

이성민 지음

바다출판사

어떻게 하면 빛을
재분배할 수 있을까.

차례

서문 철학의 소임 · 8

1장 왜 우리는 타인을 미워하는가 · 15

2장 붕괴된 학교는 복원될 수 있을까 · 37

3장 정말 "틀리다"가 아니라 "다르다"일까 · 53

4장 부모의 성을 모두 쓴다고 평등해질까 · 71

5장 직업은 무엇을 선택하는 일인가 · 93

6장 우리에겐 말의 자유가 있을까 · 115

7장 왜 담배 이름은 서양어인가 · 135

8장 배우고 배우고 또 배워야 할 이유가 있는가 · 153

9장 공자와 예수의 황금률은 어떻게 다른가 · 171

철학의 소임

우리는 종종 "개념이 없다"든가 "개념이 있다"는 말을 듣는다. 가령 민감한 사회적 쟁점과 관련해서 소신 있는 발언을 하는 연예인을 "개념 있는 연예인" 또는 줄여서 "개념 연예인"이라고 부른다. 개념은 인간만이 아니라 사물로도 확장될 수 있다. 가령 제대로 된 국밥 한 그릇을 먹고 나서 우리는 그 국밥을 "개념 국밥"이라고 부를 수 있을 것이다.

"개념 연예인"이 연예인다운 연예인을 뜻하지는 않을 것이다. 반면에 "개념 국밥"은 국밥다운 국밥을, 즉 국밥이라는 개념에 부합하는 국밥을 뜻한다. 그런데 이렇게 말하는 우리는, 즉 개념에 부합하는 무엇에 대해 말하는 우리는 유물론자가 아니라 관념론자다. 왜냐하면 개념이 현실에 일치해야 한다고 보지 않고 현실이 개념에 일치해야 한다고 보고 있으니까 말이다. 개념이란 현실과는 달리 물질적인 것이 아니라 관념적인 것이다. 그런데 관념적인 것이 우선한다고 보고 있으므로, 즉 현실이 개념을 따라야 한다고 보고 있으므로 우리는 관념론자인 것이다. 대다수 사람은 이렇듯 일상에서 관념론자이며,[1] 그렇다는 사실에 이상할 것은 없다.

우리가 일상의 관념론자라고 해서 모든 사물에 개념을 부여하는 것은 아니다. 가령 시골길을 걷다가 발에 차이는 돌멩이에 개념이 있다고 생각하는 사람은 없을 것이다. 즉 그렇게 발에 차이는 돌멩이에도 돌멩이다운 돌멩이가 있는가 하면 돌멩이답지 못한 돌멩이가 있다고 생각하는 사람은 없을 것이다. 우리가 어떤

---

[1] 그렇기에 사람들은 일상적으로 "~ 같지도 않은"이라는 표현을 잘 사용한다. 가령 "말 같지도 않은 말", "경기 같지도 않은 경기", "인간 같지도 않은 인간" 등등.

사물에 개념을 부여한다는 말은 그 사물을 의미 있거나 중요하게 생각한다는 말이다. 그리고 일단 개념이 부여된 사물이라고 한다면 실제로 개념에 부합하는 것이 좋다.

그렇지만 개념에 부합한다고 해서 만사가 다 잘되는 것은 아니다. 세상과 시간은 그보다는 좀더 복잡하다. 국밥을 개념에 부합하게 만든다고 해도 사람들이 국밥 자체에 더 이상 매력을 느끼지 않게 된다면, 즉 사람들의 식습관이 점차 변해서 더 이상 국밥을 찾지 않는다면, 개념에 부합하는 국밥이라고 해도 별 도리가 없다.

사람들이 더 이상 어떤 것을 원하지 않을 때, 그 어떤 것에서 무언가가 빠져나가는 것이라고 생각해 보자. 그렇다면 그것은 무엇일까? 분명 그것은 개념이 아닐 것이다. 왜냐하면 사람들이 더 이상 원하지 않아도 개념에 충실한 대상은 있을 수 있으니까 말이다. 개념은 여전히 들어 있지만 더 이상 사람들은 그것을 원하지 않으며, 따라서 그것은 더 이상 빛나지 않는다. 그렇다면 그 빛은 과연 무엇일까? 나는 그것을 이념이라고 부르고 싶다. 즉 나는 이념을 "어떤 사물을 욕망의 대상이 되게 만들어 주는 것"으로 정의하려고 한다. 욕망의 대상이란, 우리가 진정으로 원하는 대상이란 이념을 장착한 사물이다.

개념이 있어도 이념이 없다면 그 사물은 욕망의 대상이 되지 못한다. 사람들은 그것에 더 이상 진정한 관심을 기울이지 않는다. 아무리 그것이 인간의 삶과 세계에서 중요한 것이라고 하더라도 말이다. 아무리 중요한 것이더라도 사람들은 그것을 정치적 이념들처럼 "큰" 문제로 보지 않는다.

언젠가부터 나는 그 "작은" 것들이 이념을 잃어 가고 있다는 생각을 하게 되었다. 그런 이념들은 본래 전통 속에 자연스럽게 스며들어 있었지만, 바로 그 전통이 오늘날은 해체되었다. 그래서 나는 작지만 우리 삶의 주변에 널려 있는 일상적인 것들이 이념을, 즉 빛을 잃어 가면서 세상 역시 빛을 잃어 가고 있다고, 세상이 점점 더 어두워지고 있다고 생각하게 되었다. 밤이 되면 전깃불이 환한 빛을 발하고 도시는 불야성을 이룬다. 하지만 오늘날 우리가 살아가는 세상은 한 치 앞도 보이지 않는 세상이다. 우리는 오늘날, 한나 아렌트의 표현을 빌리자면, "어두운 시대"를 살아가고 있다. 앞이 잘 보이지 않을 때 우리는 안경을 쓴다. 하지만 진리의 안경을 쓰는 순간 오히려 우리는 캄캄한 어둠 속에 있는 우리 자신을 발견하게 된다.

가령 오늘날 흔들리고 있는 성명의 본래적 이념은 무엇일까? 오늘날 도대체 양육과 교육의 이념은 무엇일까? 직업에도—김훈이 말하는 "먹고사니즘" 같은 것 말고—진정한 이념이 있을까? 아이들에게 놀이는 왜 정말로 필요한 것일까? 문화적 활동에서 우리는 무엇을 향유하고자 하는 것일까? 인권은 정말로 우리가 어디서나 무조건적으로 추구해야 하는 이념일까? 기타 등등. 나는 이러한 물음들에 대해 이 책에서 답하려고 했다. 쉽게 대답할 수 없지만 이제는 물을 수밖에 없는 질문들에 대해서 말이다.

프랑스 철학자 들뢰즈는 철학이 개념을 창조하는 작업이라고 보았다. 하지만 나는 철학의 소임이 좀 다른 것에 있다고 본다. 즉 철학은 이념을 다루는 학문이다. 철학은 빛을 잃어버렸으나 여전히 중요한 것들에 새로운 이념을 만들어 장착하는 일을 해야 한다. 그러면 사람들은 빛을 잃은 주변의 것들에서 새로운 욕망을 발견할 수 있을 것이다. 그렇게 되면 그것들이 아름다운 빛을 발하기 시작할 것이고, 세상은 조금씩 밝아질 것이다.

이 책에서 나는 바로 이러한 의미에서 철학적 작업을 시도했다. 그 시도가 성공적인 시도였는지는 지금 알 수 없다. 하지만 이 책이 일상에서 관념론자인 독자들에게 관념 중의 관념인 이념의 맛을 조금이라도 제공할 수 있기를 바란다.

1장

왜 우리는 타인을 미워하는가

동요와 동화

—

〈곰 세 마리〉라는 동요를 모르는 사람은 없을 것이다. 작사, 작곡 미상의 한국 동요다. 《골디락스와 곰 세 마리》라는 동화는 모르는 사람이 있을 것이다. 영국의 전래 동화다. 이 동요와 동화는 공통점이 한 가지 있다. 즉 아빠 곰(큰 곰), 엄마 곰(중간 크기 곰), 아기 곰(작은 곰)이 한 집에 살고 있다. 동화에는 등장인물이 한 명 더 있다. 바로 말괄량이 금발 소녀 골디락스다.

　동요에 나오는 아기 곰은 귀엽고 행복한 곰이다. 왜 행복할까? 아빠 곰과 엄마 곰은 아기 곰이 귀여울 것이고, "으쓱 으쓱 잘" 하는 모습이 보기 좋을 것이다. 아기 곰은 그런 아빠, 엄마와 같이 있는 것이 행복할 것이다. 어쩌면 그러한 행복이 영원하기를 바랄지도 모른다.

누구와 함께 있어서 생기는 행복이라는 게 있다. 우리는 아기 곰의 행복이 그런 행복일 것이라고 추측했다. 동요를 듣는 누구든 그렇게 추측하지 않을 수 없다. 하지만 동화는 좀 다른 이야기를 들려준다. 동화는 그 행복이 물론 누구와 함께 있어서 생기는 행복이기는 할 테지만 또한 누구와 함께 있지 **않기** 때문에 유지되는 행복이라는 걸 알려 준다. 골디락스의 침입으로 행복에는 금이 간다.

큰 곰에게는 큰 곰에게 딱 맞는 의자와 침대가 있다. 중간 크기 곰에게도 딱 맞는 의자와 침대가 있다. 아기 곰에게도 딱 맞는 의자와 침대가 있다. 따라서 세 곰에게는 딱 맞는 자기 자리가 있으며, 자리를 놓고 다툴 필요가 전혀 없다. 원래 부모와 아기는, 또는 어른과 아이는 자리를 놓고 싸우는 법이 아니다. 요즘은 꼭 그렇지도 않지만 말이다.

우리는 아기 곰이 아빠 곰, 엄마 곰과 함께 있을 때 왜 행복한지 혹은 왜 불행하지 않은지 그 이유를 하나 알게 되었다. 자기 자리가 있기 때문이다. 너무 높지도 않고 너무 넓지도 않은 딱 맞는 자리 말이다. 하지만 골디락스의 침입으로 모든 것은 엉망진창이 된다. 왜일까? 그리고 그렇게 아기 곰의 행복을 빼앗는 골디락스는 누구일까?

동화에는 "딱 맞았다"는 표현이 세 번 나온다. 숲속을 돌아다니던 골디락스는 뜨거운 수프가 식는 동안 잠깐 산책을 나간 곰 세 마리의 집에 침입한다. 그리고 처음에 식당으로 들어간다. 탁자 위에 수프가 담긴 세 개의 접시가 준비되어 있다. 골디락스는 각각 맛을 본다. 너무 차가운 수프는 큰 곰의 것이다. 너무 뜨거운 수프는 중간 크기 곰의 것이다. 마지막으로 맛본 수프는 골디락스에게 "딱 맞았다." 그 수프를 모두 먹은 골디락스는 거실로 간다. 그곳에는 세 개의 의자가 놓여 있다. 너무 높은 의자는 큰 곰의 것이다. 너무 넓은 중간 크기 의자는 중간 크기 곰의 것이다. 작은 아기 곰 의자가 "딱 맞았다." 골디락스는 그 의자에 앉다가 의자를 망가뜨리고 만다. 이제 골디락스는 침실로 올라간다. 가장 큰 침대는 너무 푹신푹신했고 중간 크기 침대는 너무 딱딱했다. 가장 작은 침대가 "딱 맞았다." 골디락스는 그 아기 곰 침대에 누워 잠이 든다.

따라서 침입자 골디락스는 하필이면 아기 곰의 것만 노린다. 그게 딱 좋기 때문이다. 집에 돌아온 아기 곰은 골디락스가 자기 것만 먹고 자기 것만 망가뜨리고 자기 것에 누워 자고 있는 것을 발견한다. 그렇기에 아기 곰은 너무 화가 났을 것이고, 골디락스가 "죽이고 싶도록 미운 타인"[2]이었을 것이다. 그렇다면 골디락스는 누구일까? 줄리엣 미첼은 그 골디락스가 아기 곰의 여동기(sister)라고 잘라 말한다.[3]

증오

—

우리는 왜 타인을 미워할까? 너무 다르기 때문일까? 많은 사람이 그렇다고들 생각하며 그렇게들 설명한다. 하지만 부모와 아이의 차이는 수직적인 차이면서 큰 차이다. 반면에 동기간＝형제자매간의 차이는 "도토리 키 재기"라는 말도 있듯이 측면적인 관계에서 오는 작은 차이다.

우리는 비슷하거나 같은 것을 숫자로 센다. 그래서 동기들은 첫째, 둘째, 셋째 이렇게 불린다. 하지만 아버지, 어머니, 아이를 첫째, 둘째, 셋째라고 부르지는 않는다. 곰 세 마리 가족은 놀이공원 매표소에서 "세 명이요"라고 말하지 않고 "어른 둘, 아이 하나요"라고 말할 것이다.

2 최인훈, 《회색인》, 문학과지성사, 2008, 133쪽.
3 줄리엣 미첼, 《동기간: 성과 폭력》, 도서출판 b, 이성민 옮김, 2015, 215쪽.

그런데 차이가 작다는 것은 무슨 뜻일까? 따라서 사소하다는 말일까? 우리는 가령 핵분열처럼 자연의 세계에 작은 것이 낳는 결코 사소하지 않은 결과가 있음을 잘 알고 있다. 인간의 세계에도 아주 중대한 결과를 낳는 작은 차이가 있는 것 아닐까?

우리는 아기 곰의 입장이 되어 보아야 한다. 차이가 작다는 것은 결국 무슨 뜻일까? 그가 내 자리를 위협할 수 있다는 뜻이다. 왜냐하면 나에게 딱 맞는 것이 그에게도 딱 맞을 테니 말이다. 지금까지 나는 부모의 사랑을 독차지하고 있었다. 하지만 나의 동기는 나의 자리를 시샘하며, 나의 자리를 빼앗으려고 한다. 혹은 나의 동기는 부모의 사랑을 빼앗아 간다. 나의 존재를 위협하며 나에게 죽음의 감각을 선사하는 이 외상=트라우마를 미첼은 "동기 외상"이라고 부른다.

동기 외상은 걸음마기에 발생한다. 악명 높은 이 시기는 한국어로 "미운 네 살"이라고 불리며 영어로는 "terrible two(끔찍한 두 살)"나 "dreadful three(무시무시한 세 살)"라고 불린다. 이 시기는 통상 새로운 아기가 태어나는 시기와 일치한다. 새로운 아기가 태어나지 않더라도 아이는 아기가 태어나지 않을까 기대하기도 하고 불안해 하기도 한다. 이 시기에 아이는 더 이상 자신을 3자를 지칭하듯 자기 이름으로 표현하지 않으며, 즉 더 이상 "아기 곰"이 아니며, "나", "내가", "내 거", "싫어", "내가 할 거야" 등의 표현을 사용한다.[4] 이 시기에 아이는 "아기 곰"의 죽음을 경험하며, 자신과 비슷한 존재와 함께해야 하는 관계에서 자기 자리를 마련하는 힘든 과정에 진입해야 한다.

형제자매는 어렸을 때 툭하면 싸우기 마련이며, 툭하면 서로 미워 죽겠다고 말한다. 오래전에 이미 프로이트는 이렇게 말했다. "어린이들의 형제자매에 대한 관계에 주목해 보자. 나는 왜 다들 그것이 사랑에 넘치는 관계라고 가정하는지 이해할 수 없다."[5] 미첼은 아이가 느끼는 증오의 심정을 다음과 같이 예리하고 아름답게 관찰하고 있다.

나는 최근에 몇몇 친구들과 저녁 식사를 하고 있었다. 열 살 난 친구 딸이 학교 이야기를 하면서 즐겁게 해 주고 있었다. 그러면서 그 아이는 아기 남동생에게 큰 애정을 보였다. 그 아이는 매력적이었다. 자신감 있고 재미있었고, 지켜보면서 이야기를 듣는 게 큰 기쁨이 되는 아이였다. 하지만 누군가의 관심이 기어 다니기 시작하는 아기

4 박선영, 〈0-3세 사이의 심리발달의 변증법: 불안, 거울단계, 부정성〉, 《라깡과 문화》, 2008년 한국 라깡과 현대정신분석학회 정기학술대회(후기) 프로시딩, 14쪽.
5 지그문트 프로이트, 《꿈의 해석》, 김인순 옮김, 열린책들, 2003, 305쪽.

에게로 넘어갔다. 그리고 우리 모두는 눈을 돌려 아기를 바라보면서 감탄했다. 어린 소녀는 조용하고 예의 바르게 방을 떠났다. 그녀가 그렇게 할 때, 나는 그녀에게서 누구든 목격하리라는 의도가 아니었던 한 가지 변화를 보았다. 그녀가 동생의 손가락 위로 방문을 거칠게 당길 때, 실쭉한 비참과 사악함 사이에 있는 찌푸림이 그녀의 얼굴을 그늘지었다. 이것은 흔치 않은 일이 아니다. 그리고 대체로 부모로서 우리는 주목하지 못하거나 잊어버린다.[6]

그렇다. 많은 부모가 아이의 증오를 주목하지 못하거나 잊어버린다. 혹은 "부모들은 아이들 사이가 좋지 않다고 말하지만, 왜 그러는지 도무지 이유를 알지 못한다."[7] 아이들은 언제나 정확하게 "내 거야!"라고 말하면서 빼앗아 왔으며, "제가 내 거 뺏었어!"라고 말하면서 울어 왔지만 말이다.

하지만 프로이트는 알고 있었을까? 이제 아이가 동생과 함께 싸우기도 하고 놀기도 하면서 지금까지 없었던 새로운 관계를 만들어 가는 길고 긴 과정에 진입하고 있다는 것을……. 저 울음이 장차 큰 사회의 씨앗인 아주 작은 사회를 적셔 주는 단비라는 것

6 미첼,《동기간》, 286쪽.
7 프로이트,《꿈의 해석》, 305쪽.

을…….

측면관계의 생성

—

우리는 동요에 나오는 행복한 아기 곰의 위치를 다음과 같이 역삼각형으로 시각화할 수 있을 것이다. 위에 있는 두 꼭짓점은 아버지와 어머니 자리다. 아래에 있는 하나의 꼭짓점은 아기의 자리다. 그 자리는 부모와의 관계에서 유일무이한 자리다('아기 폐하'의 자리). 아직은 옆에 동기를 위한 자리가 없다.

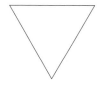

이 관계가 아이의 심리에 항구적인 방식으로 굳어진다면 어떻게 될까? 아이는 영원히 행복한 아이로 남게 될까? 그렇지는 않을 것이다. 동기가 없는 아이라도 얼마 있지 않아 놀이방이나 유치원에 가서 다른 아이들과 같이 생활해야 한다. 초등학교에 들어가면 같이 생활해야 하는 아이들의 수는 더 늘어난다. 저 역삼

각형으로만 세상을 이해할 수 있는 아이는 아마 부모를 대신하는 교사와의 관계에서 별 문제가 없을 것이다. 하지만 또래관계에서는 점점 더 적응하기 힘들 것이다.

《골디락스와 곰 세 마리》 동화는 〈곰 세 마리〉 동요와는 달리 아기 곰이 직면한 최초의 문화적 과제가 무엇인지를 잘 알려 준다.

곰 세 마리 이야기는 사실 우리의 생각과 실천에서 셋을 넘어가는 것의 어려움을 가리킨다기보다는 둘이나 셋을 넘어 계열성으로 들어가는 것의 어려움을 가리킨다. 그것은 골디락스와 아기 곰의 "둘 중 하나"를 어떻게 탁자 주변에 또 하나의 의자를 위한 자리를 마련하는 "둘 모두"로 만들 것인가의 문제다.[8]

계열성이란 하나, 둘, 셋, 넷, 다섯……, 이렇게 셀 수 있는 것을 말한다. 가령 의자 숫자를 잘 세는 아이는 무엇을 세고 있는 것일까? 옆 사람의 자리를 인정해야 하는 그 아이는 이미 자신을 포함해서 전체가 몇 명인지를 세어 놓았을 것이다. 그런 연후에, **옆**

8   미첼, 《동기간》, 215쪽.

사람의 자리까지 포함해서 자기 자리도 있는지를 세고 있는 것이다. 부모는 셈을 잘하는 아이에게서 성급하게 꼬마 수학자의 탄생을 기뻐할 것이 아니라 우선 인간(人間)의 탄생을 기뻐해야 한다.

아기 곰과 골디락스는 서로를 인정해야 한다. 같으면서도 다른 존재로서 말이다. 그것은 다만 차이를 인정하는 문제가 아니다. 차이와 동일성을 동시에 받아들이는 문제다. 즉 나와 **같으면서도 다른** 옆 사람을 받아들이는 문제다. 옆 사람을 인정할 수 있게 된 아기 곰은 더 이상 역삼각형 세상에 살지 않으며, 단지 그 구조를 통해서만 세상을 바라보지도 않는다. 이제 아이에게는 최초의 수평적/측면적인 생활터전(A)이 생기며, 아이의 행복은 덜 위태롭고 더 폭넓은 것이 된다. 이제 아이의 행복에는 옆 사람과 싸우면서도 같이 신나게 노는 것이 추가될 것이다. 그리고 이 생활터전은 장차 아이가 더 넓은 측면관계(B)를 맺기 위한 기반이 된다.

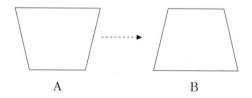

A   B

황금률

—

국어사전에 따르면 '이웃'에는 '나란히 또는 가까이 있어서 경계가 서로 붙어 있음'이라는 뜻과 '가까이 사는 집. 또는 그런 사람'이라는 뜻이 있다. 다시 말해서 이웃은 측면관계를 품고 있는 말이다. 독일어에서 이웃을 뜻하는 단어는 Nebenmensch다. neben은 '옆'이나 '곁'을 뜻하고 Mensch는 '사람'을 뜻한다. 즉 '옆 사람'이라는 뜻이다. 그렇다면 최초의 이웃이란 바로 형제자매 아니겠는가?

구약 성서에 나오는 인류 최초의 형제는 카인과 아벨이다. 카인은 아벨을 죽인다. 인류 최초의 살인은 형제살인이다. 모세에게 그의 신은 이렇게 말한다. "너희는 마음속으로 형제를 미워해서는 안 된다. 동족의 잘못을 서슴없이 꾸짖어야 한다. 그래야 너희가 그 사람 때문에 죄를 짓지 않는다. 너희는 동포에게 앙갚음하거나 앙심을 품어서는 안 된다. 네 이웃을 너 자신같이 사랑해야 한다."(〈레위기〉, 19: 17-18).

기독교는 이슬람교와 마찬가지로 유일신에 대한 복종을 제1의 계명으로 본다. 이는 신과 인간의 관계 문제다. 그렇다면 인간과 인간의 관계에서 가장 중요한 계명은 무엇일까? 율법의 핵심을 설명하면서 예수는 그것이 "네 이웃을 너 자신같이 사랑하라"는 계명이라고 말한다. 즉 황금률.

한 율법사가 예수를 시험하여 물었다. "선생, 율법에서 어느 계명이 가장 큰가?" 예수가 답했다. "네 마음을 다하고 목숨을 다하고 뜻을 다하여 주 너의 하나님을 사랑하라" 했으니 이것이 크고 첫째 되는 계명이다. 둘째도 그와 같다. "네 이웃을 너 자신같이 사랑하라." 이 두 계명이 온 율법과 선지자의 강령이다. (〈마태오〉, 22: 35-40).

기독교나 이슬람교와는 달리 유교는 유일신에 대한 복종을 강요하거나 강조하지 않는 사상이다. 따라서 공자는 자공이 "하나의 말로서 종신토록 행할 만한 것이 있을까?"라고 묻자 곧바로 이렇게 말한다. "서(恕)일 것이다. 자기가 원하지 않는 것은 남에게 베풀지 말지어다."[9] 형태가 좀 다르기는 하지만, 역시 황금률이다.

유일신에 대한 복종의 계명 없이 황금률만을 '단 하나의' 계명으로 제시한다는 점에서 이는 분명 예수와 다르다. 하지만 인간

---

9 《논어집주》, 성백효 역주, 전통문화연구회, 2015, 452쪽.

들이 사는 하늘 아래 세상(天下)에서 황금률을 첫째로 내세운다는 점에서는 둘 다 같다고 볼 수 있다.

왜 그토록 황금률이 중요한 것일까? 왜 모든 문명은 황금률을 최고의 윤리적=문화적 원리로 내세우는 것일까? 그것은 그만큼 이웃을 사랑하는 일이 쉽지 않기 때문일 것이다. 그런데 이웃을 사랑하는 일의 어려움은 최초의 이웃인 형제자매를 이웃으로서 인정하는 일이 쉽지 않음에서 오는 것이다.

그런데 어쩌면 기독교와 이슬람교의 제1계명조차도 사실은 이웃의 문제와 연결되어 있지 않을까? 왜냐하면 이웃끼리의 증오심이 극에 달할 때, 사회를 유지할 수 있는 최후의 수단으로 유일한 절대자에 대한 호소 말고 다른 무엇이 있겠는가?

수직적 관계와 수평적 관계는 모두 필요하다. 어쩌면 (이슬람을 **포함해서**) 서양 문화는 인간 사회에서 수직관계를 몰아내는 대신에 유일신과 인간 사이에 절대적 수직관계를 그에 대한 보충으로 설정한 것일지도 모른다. 반면에 전통적인 동양 문화는 인간 사회에서 수직관계를 공고히 유지했기 때문에 그와 같은 신학적 보충이 필요하지 않았던 것일지도 모른다.[10]

---

10 황금률에 대해서는 〈9장〉에서 더 상세하게 다룰 것이다.

놀이

—

알다시피 오늘날 전 세계적으로 증오와 폭력이 범람하고 있다. 한국도 예외는 아니다. 이웃은 점점 더 참을 수 없는 존재가 되어 가고 있다. 문화의 저변에서 황금률이 작동하고 있지 않다는 증거다. 다시 말해서 문화의 지층에 균열이 생기고 문화가 점차 붕괴하고 있다는 증거다.

이에 대한 해결책으로 우리는 차이를 존중하라는 말을 듣는다. 차이에 대한 존중, 그것은 오늘날 제1계명이 되었다. 하지만 알다시피 차이를 존중하는 것으로는 증오를 달랠 수 없다. 동기간의 관계가 잘 알려 주듯이, 증오를 해소하기 위해서는 차이와 동일성을 동시에 다룰 수 있어야 한다. 다름의 여지가 없는 같음이 문화를 위협하듯이, 같음의 여지가 없는 다름도 문화를 위협한다. 문화는 구심력과 원심력을 같이 필요로 한다.

문화는 실로 아이들이 황금률을 자연스럽게 배울 수 있도록 정교하게 짜여 있었다. 가령 반찬을 골고루 돌아가면서 먹어야 한다는 식탁의 규칙을 생각해 보자. 동기간이 같이 식사를 하는 식탁에서 그것은 무엇을 의미할까? 그건 바로 맛있는 반찬을 혼자 독식하지 말고 상대방을 배려하라는 뜻이다. 처음에는 부모가 강

제한 것이었어도 아이들은 조만간 그게 좋다는 것을 알게 되고, 조금씩 양보할 수 있게 되며, 그렇게 같이하는 식사가 점점 더 평화롭고 즐거운 일이 된다. 같은 반찬을 계속 먹지는 못하지만 그렇다고 매번 다른 반찬만 먹는 것도 아니다. 하지만 알다시피 오늘날 이런 식탁은 점점 더 사라지고 있으며, 따라서 이 소소해 보이는 곳에서부터 황금률의 전승과 효력은 그만큼 약해진다.

문화의 규칙은 황금률을 위한 것일 때 의미가 있다. 우리는 아이들이 놀이를 통해서 규칙을 배운다고 말한다. 하지만 규칙을 위한 규칙이란 요점이 없는 것이다. 오히려 아이들은 규칙이 있는 놀이를 통해서 문화의 기본을, 황금률을 배운다고 말하는 게 더 정확할지도 모른다.

놀이연구가 이상호는 오늘날 광범위하게 나타나는 "허약한 체력, 폭력성, 소심성, 정서 불안" 등의 진원지가 바로 "놀이 왜곡과 부재"라고 주장한다.[11] 더 나아가 그는 이렇게 말한다. "놀이는 어떤 신비한 힘을 가지고 있습니다. 눈에 보이지 않고 잘 느낄 수 없지만 그 힘은 아이들 자신을 변화시키고 함께 노는 사람을 변화시키고 더 나아가 이 세상을 바꾸는 힘의 원천입니다."[12]

11 이상호, 《전래놀이 101가지: 유아·저학년》, 사계절, 2011, 224쪽.
12 같은 책, 6쪽.

〈곰 세 마리〉 동요의 아기 곰은 웅대한 나르시시즘적 자기, 유일무이한 자기의 죽음을 아직 겪지 않은 '아기 폐하'다. 그 아기는 동기의 출현에 의한 자리박탈 외상을 극복해야 한다. 줄리엣 미첼은 이렇게 질문한다. "아이가 자기 자신의 죽음의 감각을 자신의 유일무이한 자기에 대한 애도 과정으로 바꾸고, 그리하여 아이가 다른 것들 가운데 하나로서—계열의 한 부분으로서—재창조될 수 있게 해 주는 것은 무엇인가?"[13] 미첼은 동기간에 발생하는 증오를 제한하고 아이들에게 자리를 정해 주는 어머니의 역할 말고 두 가지를 더 지적한다. 첫째는 형제자매 자신들 간의 경험이며,[14] 둘째는 아이들의 자발적 놀이다.[15] 한 자녀 가족이 대세인 오늘날 형제자매 자신들 간의 경험을 찾기는 점점 더 힘들 것이다. 그렇다면 가장 유력한 대안은 아이들을 학원에서 놀이터로 돌려보내는 것이다. 자발적인 놀이문화는 반드시 복원되어야 할 아이들의 생태계다. 아이들이 즐겁게 뛰어노는 사회가 바로 증오가 없는 사회다.

13 미첼, 《동기간》, 66-67쪽.
14 같은 책, 321쪽.
15 같은 책, 101-102쪽.

술래

—

"아이는 숨바꼭질을 하다가 날이 어두워지고 혼자 술래가 되자 울음을 터트렸다."《고려대한국어대사전》에서 '술래'라는 낱말을 찾으면 나오는 마음을 파고드는 예문이다. 아이는 왜 울었을까?

　이 사전은 '술래'를 이렇게 풀이한다. "술래잡기 따위의 놀이에서 숨은 아이들을 찾아내는 아이." 이 사전은 또한 술래의 어원이 '순라(巡邏)'에 있음을 알려 준다. 순라는 "도둑이나 화재 따위를 경계하느라고 도성 안을 돌아다니던 군인이나 부대"를 뜻하던 말이다. 알다시피 술래잡기는 술래가 숨은 아이를 찾아내는=잡는 놀이다.

　'술래'가 '순라'에서 왔다는 사실도 흥미롭지만 사전이 알려 주는 또 한 가지 흥미로운 점이 있다. 그것은 술래가 '나그네'의 방언이라는 사실이다. 아이들 놀이에는 유독 자리와 관련된 놀이가 많다. 아이들은 자리를 차지하는 기쁨을 맛보거나 자리가 없는 슬픔을 참아야 한다. 이것이 수많은 아이들 놀이의 공통되거나 주된 내용이다. 수건돌리기 놀이도 그렇다. 그런데 이 놀이에서도 자리가 없이 빙 둘러앉은 아이들 뒤를 돌아야 하는 아이는 '술래'라는 이름으로 불린다. '나그네'란 정처 없이 떠도는 사람을 말한다. 아이들 놀이에서 술래는 정처 없이 돌아다니다가 이미 자리가 있는 한 아이를 잡아 그를 술래로 만들어야 한다. 그래야 그에게도 안락한 자리가 생긴다.

이렇게 보면 저 사전의 뜻풀이에 결함이 있어 보인다. 일반적으로 술래는 "숨은 아이들을 찾아내는 아이"가 아니다. 이는 술래잡기 놀이에만 해당하는 설명이다.

"아이는 숨바꼭질을 하다가 날이 어두워지고 혼자 술래가 되자 울음을 터트렸다." 이 원초적인 슬픔은 많은 것을 생각하게 만든다.

놀이를 하다가 술래가 된 아이는 혼자 술래가 된 사실을, 자기만 자리가 없다는 사실을 참을 수 있어야 한다. 그래야 놀이를 할 수 있다. 놀이를 통해서 아이는 자리가 없다는 사실을 참아야 하고, 또한 다른 아이에게 자리가 있다는 사실을 인정해야 한다. 그래야만 자신에게도 자리가 돌아온다. 따라서 놀이를 할 수 있다는 말은 최초의 문화적 능력을 획득했다는 말이다. 아이는 자리를 독차지할 수 없다는 사실을 받아들였다. 또는 자리를 독차지하던 나르시시즘적 자기의 죽음을 애도할 수 있다. 친구들과 같이 노는 즐거움이 더 크니까 말이다.

"술래의 입장에서 아무도 없는 텅 빈 공간에 혼자 남겨졌을 때의 고독감은 다른 사람의 존재를 온전히 느끼는 계기가 될 것입니다."[16] 이상호의 말이다. 하지만 숨바꼭질을 하다가 날이 어두워지고 혼자 술래가 된 아이는 동일한 원천에서 왔을 슬픔을 더이상 참을 수 없으며 울음을 터트린다. 돌아갈 자리가 영영 없어진 것이다. 이 아이는 또다시 무엇을 배워야 할까? 물론 다음 날놀이가 다시 시작된다는 것을 배워야 한다. 그것을 배움으로써아이는 문화 속으로 한 발 더 내딛는다.

울던 술래 아이는 달래 주는 오빠 손을 잡고 집으로 돌아갈 수있다. 그렇다면 골디락스는 어떻게 되었을까? 어떤 판본에서 골디락스는 반사회적인 아이가 된다. "그렇지만 어떤 판본에서는예쁘고 어린 골디락스는 새총을 쏘는 짓궂은 아기 곰의 손을 잡는다. 그들은 책가방을 메고 함께 학교로 간다."[17]

16 이상호,《전래놀이 101가지: 유아·저학년》, 121쪽.
17 미첼,《동기간》, 244쪽.

2장

붕괴된 학교는 복원될 수 있을까

〈레버넌트〉 제작은 인간과 자연 세계의 관계에 대한 것이었다. 역사 상 가장 더웠던 해로 기록되었던 2015년의 세계 말이다. 우리 제작 팀은 단지 눈을 찾기 위해 이 행성의 남쪽 끝으로 가야만 했다. 기후 변화는 실재적이다. 그건 바로 지금 일어나고 있다. 그것은 인류 전체가 직면하고 있는 가장 화급한 위협이다. 우리는 함께 일할 필요가 있으며, 지체하기를 멈출 필요가 있다. 우리는 전 세계적으로 거대 오염자들이나 거대 기업들을 대변하지 않고 인류 전체를 대변하는 지도자들을 지지할 필요가 있다. 세계의 토착민을 대변하고, 기후 변화에 가장 큰 영향을 받게 될 수십억의 불우한 사람들을 대변하고, 우리 아이들의 아이들을 대변하고, 탐욕의 정치에 의해 목소리가 물에 잠긴 저기 바깥의 모든 사람을 대변하는 지도자들 말이다. 이 행성을 당연한 것으로 여기지 말자. 나는 오늘밤을 당연한 것으로 여기지 않는다.

-레오나르도 디카프리오, 2016년 아카데미 남우주연상 수상 소감 중.

놀이현장

—

스위스의 저명한 심리학자 피아제는 《아동의 도덕판단》이라는 책에서 아이들의 구슬치기 놀이를 통해 아동의 도덕 발달을 연구한다. 요즘 한국에서는 골목이나 운동장에서 구슬치기 놀이를 하는 아이들이 더는 없다. 하지만 1920-30년대 스위스 마을에서는 남자아이들이 구슬치기 놀이를 했다.

구슬치기 놀이에는 복잡한 규칙이 있다. 그런데 어린아이는 다른 아이들과 같이 있을 때도 사실상 혼자 놀이를 한다. 이 아이는 아직 규칙을 능숙하게 적용할 줄 모르며, 또한 규칙 자체를 신성시하여 절대로 변경해서는 안 된다고 생각한다. 반면에 규칙 적용이 능숙한 더 나이든 아이는 다른 아이들과 함께 협동적으로 놀이를 하며, 상황에 따라 규칙을 서로 합의하여 변경하기도 한다. 이 아이는 신의에 입각해 규칙을 존중하며, 더는 규칙을 신성시하지 않는다. 피아제는 아이들이 친구들과 놀이를 하면서 이처럼 장기간에 걸쳐 도덕적으로 성숙해질 수 있다고 본다.

놀이연구가 이상호는 한 대담에서 놀이를 찾아 여행을 했던 경험을 이렇게 이야기한다. "프랑스와 스위스에 갔을 때 놀란 건 골목에 아이들이 없다는 거였다. 그곳엔 이미 또래들의 골목놀이가 사라졌다. 다양한 놀이의 자리를 대신한 건 획일화된 스포츠와 가족 단위의 유흥이었다."[18] 나는 스위스 마을 공동체의 골목에서 놀이를 하던 아이들이 언제부터 사라진 것인지는 알지 못한다. 하지만 분명 한번 사라지고 나면 다시 돌아오기는 힘들 것이다.

2015년은 어린이 놀이헌장이 선포된 해다. 어린이 놀이헌장을 만들어 선포하는 일은 강원도 교육청의 선도로 이루어졌다. 그런데 강원도 교육청이 마련한 초안에는 놀이 주인을 규정하는 다음과 같은 조항이 들어 있었다.

제7조. 놀이의 주인은 어린이로 인정하고 스스로 또는 자신들끼리 놀 수 있도록 하고, 어른이 놀이에 간섭하거나 놀이를 지도하지 않아야 한다.

---

18 홍성식, 〈행복해지고 싶은 당신, 제대로 놀아라〉, 오마이뉴스, 2008년 3월 4일. http://www.ohmynews.com/NWS_Web/view/at_pg.aspx?CNTN_CD=A0000845818

이상호는 이 조항에 문제가 있음을 즉각 깨달았다. 이 문제를 즉각 깨달은 것은 그가 진지한 놀이연구가로서 놀이의 본질을 이해하고 있었기 때문일 것이다. 사실 그는 《전래놀이 101가지》라는 책 〈서문〉을 끝마치면서 "더 이상 놀이를 가르치지 않아도 될 날을 기다리며"라고 썼다.[19] 그런데 더는 놀이지도자인 어른이 아이들에게 놀이를 가르치지 않아도 될 날을 기다리는 사람이라면 놀이헌장 초안의 저 제7조에 문제가 있다고 보지 않고 오히려 적극적으로 동의해야 하는 것 아닐까? 하지만 이상호는 그렇게 생각하지 않았다. 그는 오히려 이렇게 반문한다.

놀이의 주인은 어린이이며 그들끼리 놀 수 있도록 하는 것이 최선이다. 그러나 편을 나누는 일조차 제대로 되지 않고, 놀이 방법이나 규칙에 대한 이해도 전혀 없는 아이들끼리 모여 어떤 놀이를 할 수 있을까.

70-80년대에는 골목, 마당으로 나가면 형이나 언니들이 놀고 있어서 그들을 보고 배우고 잘 놀 수 있었다. 그러나 지금은 더 이상 자연스런 배움의 기회가 없는 상황이다. 그럼 이 부분을 어떻게 해결

---

19 이상호, 《전래놀이 101가지》, 8쪽.

할 것인가를 진지하게 고려해 봐야 할 것이다.

이상호는 한번 사라지고 나면 되돌리기 힘들다는 것을 잘 알고 있다. 그런데 그런 것으로는 금방 무엇을 떠올릴 수 있을까? 나는 생태계가 떠오른다. 이러한 "금방 떠오름"의 자연스러움에 기대어 이렇게 말해 볼 수 있지 않을까? 어떤 사람이 "한번 사라지고 나면 다시 돌아오기 힘들다"는 것을 의식하면서 사태를 바라보고 있을 때, 그는 그것을 생태학적 관점에서 바라보는 것이라고 말이다.

생태학적 관점

—

어린 시절 내가 살던 동네의 개천에는 물고기가 살지 않았다. 물고기가 살지 않았을뿐더러 물 색깔이 시커멨으며, 그런 물 위에는 공장에서 나왔을 기름이 둥둥 떠다니면서 햇빛을 반사하고 있었다. 그 상태는 몇 년이고 지속되었다. 그래서 나는 그 개천이 언젠가 다시 맑아질 것이라고는 꿈에도 생각하지 않았다.

그런데 십 년이 흐르고 또 십 년이 흐르면서 사람들과 정부의 생각이 바뀌기 시작했다. 사람들은 점점 더 환경에 민감해지기 시작했다. 폐수를 버리는 공장은 점점 더 줄어들었고, 하천들이 복원되기 시작했다. 처음에 하천들은 생태학적 관점 없이 아무렇게나 복원되기도 했다. 하지만 이제 그런 복원은 더 성숙해진 시민들의 비판을 각오해야 하는 세상이 왔다.

다시 말해서 어린 시절 이렇게 되리라고 꿈에도 생각하지 않은 일이 일어났다. 물론 그렇다고 해서 자연환경과 생태계가 완전히 복원된 것은 아니다. 또한 복원에서 인공성을 완전히 배제하는 것은 불가능한 일인지도 모른다. 하지만 물고기가 살지 않고 악취가 나는 절망의 색깔과 빛깔을 가진 하천들이 사라진 것도 사실이다.

하천이 복원되는 데는 매우 오랜 시간이 필요했다. 그것은 또한 사람들의 일반적인 인식과 관점이 변하는 과정이기도 했다. 이제 대부분의 사람은 자연과 환경을 생태학적 관점에서 바라보는 것이 익숙하며 자연스럽다. 또한 역으로 이러한 익숙함과 자연스러움은 관성의 역할을 하여 자연과 환경이 과거의 끔찍한 상태로 돌아가는 것을 막아 줄 것이다.

요즘은 하천만 복원되는 게 아니다. 2016년 1월 3일 환경부와 국립공원관리공단의 발표에 따르면, 지난 해 9월 지리산에서 포

획된 반달가슴곰 한 마리가 유전자 검사 결과 그동안 파악되지 않은 개체로 확인되었다. 이 곰의 어미 곰은 지리산에 방사된 곰들이 야생에서 낳은 자연 출산 1세대이며, 이번에 발견된 곰은 그 어미가 낳은 손자 세대다.[20] 따라서 지리산국립공원의 반달곰 복원 사업은 성공적으로 이루어지고 있다. 곰을 지리산으로 방사할 때, 방사될 새끼 곰들은 자연 적응 훈련을 받아야 한다. 자연 환경이 아닌 곳에서 인간과 어미 곰의 보살핌을 받다가 곧바로 자연에 방사되면 적응하지 못할 위험이 있기 때문이다. 그런데 이는 그렇게 이해하기 어려운 이치가 아니다. 한번 사라지고 나면 되돌리기 힘든 일이다. 그렇기에 복원은 간단한 작업이 아니며, 인위적인 개입이 필요한 작업이다.

자연의 복원 작업에서 생태학적 관점을 갖는 것은 이제 오늘날 사람들에게 어렵지 않은 일이다. 생태학은 또한 인간의 문제보다는 자연의 문제를 다루는 학문 같기도 하다. 그렇다면 생태학적 관점이란 인간이 자연에 대해 갖는 관점일 것이다.

그런데 이상호는 놀이의 복원에서—즉 자연이 아니라 인간에 대해—바로 이러한 관점을 취하고 있다. 어린이 놀이헌장 초안에

---

20 김형호, 〈손자 본 지리산 반달곰〉, 광주일보, 2016년 1월 4일. http://www.kwangju. co.kr/read.php3?aid=1451833200567342006

대해 그가 했던 말을 다시 가져와 보자. "놀이의 주인은 어린이이며 그들끼리 놀 수 있도록 하는 것이 최선이다. 그러나 편을 나누는 일조차 제대로 되지 않고, 놀이 방법이나 규칙에 대한 이해도 전혀 없는 아이들끼리 모여 어떤 놀이를 할 수 있을까." 동물에게는 인간의 개입이 없는 자연 상태가 최선이라는 생각에서 반달곰 새끼를 적응 훈련 없이 곧바로 자연에 방사하려는 사람 앞에서 종복원기술원의 연구원이라면 이상호와 사실상 동일한 말을 했을 것이다. "물론 반달곰에게는 자연 상태에서 살 수 있도록 하는 것이 최선이다. 그러나 나무를 타는 일조차 서툴고 자연에서 먹이를 구하는 방법도 모르는 새끼곰이 어떻게 살아갈 수 있을까?"

아이들의 공화국

—

영국의 인류학자 말리노프스키는 남태평양의 트로브리안드 군도에 사는 원주민들을 연구했다. 그는 그곳 아이들이 "놀이를 통해서 탐구, 성적 탐색, 사회적 조직화, 난폭한 감정의 통제가—모두 어른의 간섭 없이—일어나는 사회적 집단을 형성한다"는 데 주

목했으며, 이 집단을 "아이들의 공화국"이라고 별칭했다.[21]

그런데 이 "아이들의 공화국"은 멀리 남태평양까지 가지 않더라도 예전에 어디든지 있었다. 한국의 아이들도 예전에는 골목이나 운동장에 자신들만의 공화국이 있었으며, 그곳에서 어른의 개입 없이 인간관계에서 가장 기본적인 문화적 소양을 습득했다. 하지만 알다시피 이러한 공화국은 스위스에서도 사라졌으며, 한국에서도 사라졌다. 어느 한 해에 갑작스럽게 사라진 게 아니라 서서히 사라졌다. 하지만 그때는 아무도 이에 주목하지 않았으며, 지금도 주목하는 사람이 드물다.

사람들은 종종 서서히 사라지고 있는 것에 주목을 한다. 가령 북극의 빙하 같은 것이 그것이다. 알다시피 지구 온난화로 인해 북극의 빙하 면적이 점점 더 줄어들고 있으며, 과학자들은 이대로 가다가 빙하가 완전히 소멸하는 날이 머지않아 올 것이라고 예측한다.

이러한 예측은 실제 경험과 맞물릴 때, 화급한 위협으로 다가온다. 영화 〈레버넌트〉로 꿈에 그리던 아카데미 남우주연상을 받은 영화배우 디카프리오가 인상적인 수상 소감에서 말했듯이 말

---

21 미첼, 《동기간》, 19쪽.

이다. "우리 제작팀은 단지 눈을 찾기 위해 이 행성의 남쪽 끝으로 가야만 했다. 기후 변화는 실재적이다. 그건 바로 지금 일어나고 있다. 그것은 인류 전체가 직면하고 있는 가장 화급한 위협이다."

이러한 위협에 대처하는 일은 오염된 하천의 생태계를 복원하는 작업보다 훨씬 더 힘들 것이다. 후자의 경우 인간은 결국 일을 해낼 수 있었다. 하지만 전 지구적 합의와 노력이 필요한 전자의 경우 인간이 성공할 수 있을지는 아직 미지수다. 하지만 적어도 이제 위협을 분명하게 인지하고 있다.

그렇지만 인간은 자연 세계에서 명확히 관찰할 수 있는 것을 인간 세계에서 관찰하지 못한다. 혹은 자연 세계에서 소멸이나 위협으로 인지되는 것이 인간 세계에서는 단순히 변화로 간주된다. 즉 아이들의 생태계가 있다면 그것이 소멸된 것이 아니라 단지 변화된 것이라고, 예전과 다른 것이라고 생각한다.

인간은 반달곰 새끼를 지리산에 방사하기 위해 연구소를 차리고 정성스러운 노력을 한다. 그리고 그 노력의 성과는 언론을 통해 보도가 된다. 서울대공원과 제주도에서 돌고래 쇼에 투입되었던 돌고래들도 생태학적 관심에서 새롭게 사람들의 관심을 받기 시작했으며, 결국 장시간의 야생 적응 훈련을 받고 자연의 바다로 방사되었다. 하지만 오늘도 인간의 아이는 학교를 마치고 학원으로 가고 있으며, 인터넷을 통해 온갖 소식과 영상에 노출되고 있으며, 스마트폰을 통해 '관계'를 맺고 있으며, 전 국민을 대상으로 하는 TV 쇼에 투입되고 있으며, 점점 더 삶을 잃어 가고 있다.

우리는 인간을 위한 생태계가 이제 완전히 붕괴되었다는 사실을 인정해야 한다. 유년기를 피해 갈 수 있는 사람은 없으므로, 어쩌면 우리 자신 안에도 오염 물질이 얼마간 쌓여 있을 것이다. 그것이 아무리 오염을 오염으로 보지 못하게 방해하더라도, 우리는 이제 용기를 내어 인정을 해야 한다.

복원

—

1999년 학교에서 학생들이 수업을 듣지 않는 현상이 문제로 인식되어 공론화되었다. 이 현상은 "학교 붕괴"라는 용어로 지칭되었다.[22] 전교조 참교육실천위원회는 학교 붕괴 현상을 다음과 같이 정의했다.

22 이혁규, 《한국의 교육 생태계》, 교육공동체 벗, 2015, 83쪽.

학급에서 수업이 이루어지지 않고 학생에 대한 교사의 생활 지도가 전혀 작동하지 않는 상황과 이러한 결과에서 나타나는 학교 교육의 본질적인 기능이 약화되는 현상.[23]

'붕괴'라는 용어는 극단적인 용어다. 하지만 그럼에도 불구하고 이 용어가 채택되었다. 이 현상을 달리 지칭할 길이 없었기 때문이다.

인간 발달을 위한 생태계를 우리는 한마디로 공동체라고 부를 수 있다.[24] 학교는 공동체의 핵심적 제도 중 하나다. 따라서 학교 붕괴는 생태계의 붕괴와 결코 무관하지 않은 현상이다.

참교육실천위원회의 정의는 교사와 학생의 수직적 관계에 집중하고 있다. 이 정의는 학생들 간의 측면관계, 즉 또래관계에 전혀 주목하고 있지 않다.

학교 붕괴 현상이 한국보다 먼저 찾아온 일본의 젊은이들 사이에서 오늘날 또래관계가 어떻게 변질되고 있는지를 알려 주는 책이 얼마 전 출간되었다. 도이 다카요시가 쓴 《친구지옥》이다. 그는 오늘날 젊은 세대에게 더는 친구 관계가 존재하지 않으며, 대

23 같은 곳.
24 이에 대해서는 〈5장〉을 볼 것.

신 "친절한 관계"가 자리를 잡았다고 말한다.

친구라는 개념은 "수많은 대립과 갈등 속에서도 결별과 화해를 반복하며 서서히 흔들림 없는 관계를 구축해 가는 사이"다. 친구 관계를 대체한 친절한 관계란 "'대립의 회피'를 최우선으로 하는 젊은이들의 인간관계"를 말한다.[25] "살얼음을 밟는 듯 조심스럽게 상대방의 반응을 살피면서 행동해야 하는 긴장감이 끊임없이 감[도는] 이런 숨 막히는 관계"[26]를 다카요시는 책 제목처럼 "친구지옥"이라고 부르고 있다. 지옥이라는 용어는 생태계 파괴의 결과가 무엇인지를 여실히 드러내고 있다.

생태계의 복원에는 오랜 시간이 걸린다. 그런데 놀이의 소멸이나 학교 붕괴 같은 인간 생태계 파괴는 어떤 종류의 것일까? 하천 오염처럼 오랜 시간이 걸려도 결국 회복될 수 있는 종류일까, 아니면 지구 온난화처럼 전 지구적인 해결책을 찾아야 하는 훨씬 더 힘든 종류일까?

학교 붕괴 현상이 공론화된 이후로 문제의 심각성을 자각한 교사들은 교육에 관한 새로운 대안을 모색하기 시작했다. 처음에는 핀란드 교육을 그 모델로 삼고 연구했다. 하지만 그 모델은 결국

25 도이 다카요시,《친구지옥》, 신현정 옮김, 새움, 2016, 11쪽.
26 같은 책, 12쪽.

제도, 문화적 차이 때문에 받아들이기가 쉽지 않았다.[27] 그 대신 한국과 유사한 교육 제도와 환경을 가진 일본의 "배움의 공동체" 모델이 채택되어 대안 학교와 혁신 학교를 중심으로 보급되었다. 그리고 이러한 노력은 오늘날 몇몇 학교에서 인상적인 성과를 거두고 있다. 최근에는 EBS를 통해 그 성과들이 일반인에게도 조금씩 알려지고 있다.

그런데 핀란드의 경우를 생각해 보자. 왜 그곳은 오늘날 그토록 매력적인 교육 제도를 갖게 되었을까? 핀란드가 대대적인 교육 개혁을 하게 된 이유는 공동체의 붕괴와 관련이 있다. 그 전에 핀란드 사회는 오늘날 한국과 마찬가지로 청소년 자살률이 매우 높았다. 그것은 뒤르켐이 프랑스 사회에서 직면한 아노미 같은 것이었다.

따라서 오늘날 우리가 그토록 부러워하는 핀란드의 교육 제도는 사실상 인간 생태계, 즉 공동체의 붕괴 이후에 이루어진 인위적 복원 작업의 결과라고 볼 수 있다. 따라서 나는 공동체의 붕괴가 하천의 오염처럼 시간이 좀 걸려도 회복될 수 있는 종류라는 쪽에 내기를 걸겠다.

---

27 이혁규,《한국의 교육 생태계》, 249쪽.

3장

정말 "틀리다"가 아니라 "다르다"일까

소용돌이

—

"남자와 여자는 뭐가 틀려?" 누군가 이런 질문을 하면 다음과 같이 응답할 사람이 꼭 있을 것이다. "그럴 땐 '틀려'가 아니라 '달라'라고 해야 해!" 물론 틀린 지적이 아니다. 대다수의 국어사전은 "틀리다"라는 항목을 뜻풀이하고 나서, "다르다"의 잘못된 표현이라는 추가적인 설명을, 즉 이 항목의 의미 오용 사례를 덧붙이고 있다. 따라서 다름을 뜻할 때 "틀리다"를 사용하면 분명 규범에 어긋나며, 저 질문은 대표적인 그런 사례다.

그런데 경상도 사람 중에는 이러한 지적에 불만을 갖는 경우가 종종 있다. 그러한 불만은 대개 표준어의 압제에 대한 불만의 형태로 표출된다. 표준어와 경상도 말은 다르다. 경상도 사람들은

"틀리다"를 "다르다"라는 뜻으로 사용한다. 왜 방언이라고 해서 반드시 차별을 당해야 하는가? 왜 표준어가 항상 방언을 간섭해야 한단 말인가?

하지만 거꾸로 생각해 보면 이것은 오히려—이승재가 지적하듯이—"방언이 표준어에 간섭하는 대표적인 예"이기도 하다. "대부분의 남부 방언 화자들은 '다르다'를 써야 할 곳에 '틀리다'를 곧잘 사용하지만 원래의 표준어 화자들은 이 둘을 '異'와 '僞'의 뜻으로 엄격하게 구별해" 왔는데 이제 "남부 방언의 용법이 서울말에 침투하여" 서울에서도 "다르다" 대신에 "틀리다"를 사용하는 사례를 자주 접할 수 있게 되었다.[28]

이렇게들 보면 "틀리다"와 "다르다"의 대립은 방언과 표준어의 대립 같다. 표준어가 방언에 간섭하는 경우라고 해야 하건 아니면 역으로 방언이 표준어에 간섭하는 경우라고 해야 하건, 여하튼 문제는 그 둘의 대립이라는 형태로 제시되고 있다. 하지만 표준어를 사용하는 서울 사람이라도—더 나아가 그 누구라도—"틀리다"의 의미 오용 규정에 문제가 있다고 생각할 수 있다.

첫째, 이것은 더 이상 일부 방언의 문제에 불과한 것이 아니다.

---

28 이승재, 〈표준어와 방언〉, 《국어문화학교》, 국립국어연구원, 1997, 53쪽.

알다시피 많은 사람이 "다르다"를 써야 할 곳에서 자연스럽게 "틀리다"를 사용한다. 그렇다면 왜일까? 이에 대한 가장 잘 알려진 설명은 인간의 "자기중심성"을 가지고 하는 설명이다. 즉 자신과 다른 것을 무조건 틀리다고 생각하는 자기중심적 사고방식 때문에 그렇다는 것이다.[29] 하지만 그렇다면 남부 방언 사용자들은 모두 자기중심적이라는 말인가? 어떤 방언 사용 집단 전체 인구를 자기중심적이라고 보는 것만큼 터무니없는 일도 없을 것이다.

둘째, 오늘날 표준어 사용자들의 마음속에 잘 자리를 잡은 어떤 인권 의식에 비추어 볼 때, 획일적인 규범을 앞세우면서 다양성과 차이를 억누르는 데는 분명 문제가 있다. 한쪽에서는 "틀리다"를 사용하고 다른 쪽에서는 "다르다"를 사용한다. 이건 다만 언어생활에서의 차이 내지는 다름일 뿐이다. 다름을 틀림이라고 하면 안 된다.

이제 우리는 어떤 어지러운 소용돌이 속에 빠진 것도 같다. 한편으로 우리는 다른 것(=방언)을 틀렸다고 하면 안 된다는 것을 아는 정도의 인권지수에 도달했다. 하지만 저 방언이야말로 다른

---

29 나윤정, 〈너와 난 생각이 '틀리다'고? 아니 '달라'!〉, 《머니투데이》, 2014년 10월 28일.
http://www.mt.co.kr/view/mtview.php?type=1&no=2014102717225291244&outlink=1#

것을 틀렸다고 한다. 이러한 지적인 소용돌이에서 우리는 빠져나올 수 있을까?

감수성의 결과

—

언어의 문제와 인권의 문제를 구분하지 않고 처음부터 뒤섞은 게 문제였을지도 모른다. 표준어나 맞춤법이라는 규범은 언어적 규범이다. "다르다"를 "틀리다"라고 하면 안 된다는 말은 한국어의 언어적 규범에 따르면 그렇다는 말이다. 반면에 가령 피부색의 다름을 틀림으로 보면 안 된다고 할 때 우리는 단순히 언어 문제만을 다루고 있는 게 아니다. 가령 검정 피부색은 틀린 색이 아니라 다른 색이므로, 피부가 검다는 이유로 차별을 해서는 안 되는 것이다. 따라서 우리는 언어의 문제와 인권의 문제를 다음과 같이 구별할 수 있다.

- "틀리다"가 아니라 "다르다" — 언어의 문제
- 틀린 것이 아니라 다른 것 — 인권의 문제

이제 앞서의 평범한 지적자에게로 돌아가 보자. "남자와 여자는 뭐가 틀려?"라는 질문에 "그럴 땐 '틀려'가 아니라 '달라'라고 해야 해!"라고 응답하는 사람 말이다. 그는 단지 맞춤법의 문제, 언어의 문제만 지적한 것일까? 그렇지 않을 수도 있다. 어쩌면 그는 남자나 여자의 "틀린" 점을 찾아내어 그걸 가지고서 어느 한쪽 편에 서서 남자나 여자를 차별하려는 심정이나 경향성을 차단하고 싶은 것일 수도 있다. 다시 말해서 그는 다만 언어 규범의 문제가 아니라 인권이나 차별이나 평등의 문제에 민감한 것일 수도 있다.

인권에 민감한 사람은 곧 인권 감수성이 있는 사람이다. 이러한 인권 감수성이 어떤 결과를 낳을 수 있는지를 알아보기 위해 한 시인의 사례를 들어 보자. 다음은 시인 오은이 한 일간지에 쓴 글이다. 길지 않은 글이라서 전문을 인용하겠다.

얼마 전, '낫다'를 '낳다'로 쓴 글이 눈에 가장 거슬린다는 기사를 접하고 한참 웃었다. "감기 얼른 낳으세요"라는 문자를 받았을 때의 기억이 새록새록 떠올랐기 때문이다. 실제로 감기를 '낳는' 상상을 하고 도리질을 친 것은 물론이다. 사실, 내가 가장 못 견디는 것은 '틀리다'와 '다르다'가 잘못 사용됐을 때이다. 많은 사람들이 이 둘을 가리지 않고 '틀리다'로 통일해서 사용하는 경향이 있다. 틀리다는 "셈이나 사실 따위가 그르게 되거나 어긋나다"는 뜻이고 다르다는 "비교가 되는 두 대상이 서로 같지 아니하다"는 뜻이다. 두 단어의 뜻이 엄연히 '다른' 것이다. "넌 나랑 틀려서 그래"라는 말을 들었을 때, 나는 내가 뭔가 잘못된 것이 있나 고개를 갸웃했다. 그때부터 틀리다는 말을 들을 때마다 이방인이 된 듯한 기분이 들었다. 우리와 너희를 구분하려고 담을 쌓는 사람들도 떠올랐다. 어느 순간부터 친구들이 다르다는 말을 써야 할 때 틀리다는 말을 쓰면 나도 모르게 지적하고 있었다. 강박이 생긴 한 친구는 "너 3번 문제 달랐어"처럼 틀리다는 말을 써야 할 때조차 다르다는 말을 쓰기도 했다. 다르고 싶지, 틀리고 싶지는 않은 게 많은 사람들의 바람일 것이다. 다른 것은 이해될 수 있는 여지가 있지만 틀린 것은 무슨 수단을 써서라도 바로잡아야 할 것처럼 느껴지기 때문이다. 아이들이 '틀린 그림 찾기'가 아닌 '다른 그림 찾기'를 하는 날이 하루빨리 왔으면 좋겠다.[30]

이 글을 읽어 보면 오은에게 "틀리다"의 의미 오용이 단지 어

30 오은, 〈틀리다? 다르다!〉, 한국일보, 2014년 11월 7일. http://www.hankookilbo.com/v/889c5e78b8db4ff09eacd5886eda3110

법의 문제가 아니라는 것을 알 수 있다. 시인은 마땅히 언어에 민감해야 한다. 하지만 이 글에서 시인이 언어에 민감한 것은("사실, 내가 가장 못 견디는 것은 '틀리다'와 '다르다'가 잘못 사용됐을 때이다.") 단지 시인이기 때문만은 아니다. 오히려 이 경우는 그에게 인권 감수성이 있기에 언어에 민감해진 것이라고 말할 수 있다.

그 이유는 이렇다. 첫째, 시인은 마땅히 언어에 민감해야 한다고 할 때 그 언어적 감수성은 표준어법에 대한 감수성을 가리키지 않는다. 다시 말해서, 시인은 표준어법에 민감한 사람일까 언중(言衆)의 언어생활에 민감한 사람일까? 표준어법에 대한 감수성은 시인에게만 필요한 게 아니라 글을 쓰는 누구에게나 필요하다. 더 나아가 문학적 감수성과 표현을 위해 표준어법을 가장 수월하게 침범하는 작가가 있다면 그건 바로 시인이다. 반면에 시인은 모국어의 섬세한 결과 차이들을 알아볼 수 있어야 한다. 그런데 한국어의 "틀리다"는 참으로 묘한 말이어서, 틀리다는 뜻과 다르다는 뜻을 모두 내포하고 있다. 일본어의 "違う(치가우)" 역시 그러해서 이 두 의미를 모두 갖는다. 시인이라면 어디에 주목해야 할까? 언중의 언어생활에서 한 단어가 a라는 의미와 b라는 의미를 동시에 의미하며(사실 1), 언어 규범에서 그중 하나만 올바른 것으로 인정을 받을 때(사실 2), 시인은 시인으로서 무엇에

더 주목을 해야 할까? 내가 보기에 사실 1에 주목하는 사람이 시인이다. 하지만 오은은 그 사실에 주목하지 않으며, 친구에게 "강박"이 생길 정도로—다시 말해서 그 강박이 사실은 시인 자신의 것이 아닐까 의심해 볼 수 있을 정도로—사실 2에 집착하고 있다.

둘째, 오은은 "틀리다"라고 하면 안 된다는 주장을 하기 위해 언어적 사실만을 동원하지 않는다. 가령 그는 "우리와 너희를 구분하려고 담을 쌓는 사람들도 떠올랐다"든가 "다르고 싶지, 틀리고 싶지는 않은 게 많은 사람들의 바람일 것이다"고 말한다. 이와 같이 말하는 사람에게 있는 감수성은 언어 감수성이기 이전에 인권 감수성이라고 보아야 한다.

우리는 인권 감수성이 어떤 결과를 낳을 수 있는지를 한 시인의 사례를 통해 알아보고 있었다. 오은에게는 인권 감수성이 있으며, 바로 그것 때문에 언어의 문제에서도 민감해졌다. 그렇다면 이것이 인권 감수성의 한 가지 결과다. 오은은 인권 감수성으로 인해 언어의 문제에 민감해졌으며, 그래서 인권의 문제와 언어의 문제를 혼합한다. 바로 이 혼합이 인권 감수성의 또 다른 결과다.

이제 우리는 왜 우리가 "틀리다"와 "다르다"의 문제에서 소용돌이에 빠지게 되었는지를 이해할 수 있는 한 가지 길을 찾은 것

같다. 즉 인권 감수성으로 인한 바로 이 뒤섞임이 우리를 저 소용
돌이로 몰아간 것 같다. 이러한 소용돌이에서 어떻게 하면 빠져
나올 수 있을까?

틀림

—

다름을 뜻하는 "틀리다"를 표준어법에 맞게 "다르다"로 고쳐 쓴
다고 해서 인권 감수성으로 의도했던 목적이 꼭 달성되는 것은
아니다. 사람들은 "다르다"는 표현을 가지고서 얼마든지 편을 가
를 수 있으며 차별을 할 수 있다. 실로 차이는 언제든지 차별에
동원될 수 있다. 아무리 사소하고 무의미해 보이는 차이라도 말
이다.

 알다시피 아이들의 세계에서는 사소한 차이도 아주 큰 문제가
될 수 있다. "콩 하나도 나누어 먹는다"는 말이 있는데, 나는 이
말을 통상적인 방식과는 거꾸로 해석하는 게 좋지 않을까 하고
생각하기도 한다. 즉 그것은 우애가 좋다는 뜻이기 이전에 콩 하
나라도 나누지 않으면 생겨날 동기들 사이에서의 엄청난 분쟁을
함축하는 것 아닐까? 아이들은 성인의 관점에서 볼 때 "아무것도

아닌 것"을 가지고 싸운다. 마치 스위프트의 소설《걸리버 여행기》에 나오는 소인국 사람들이 달걀을 어느 쪽 모서리로 깨야 하는지를 놓고 큰 모서리 파와 작은 모서리 파로 나뉘어 당파를 형성해 싸움을 하듯이 말이다. 한쪽에게 다른 쪽의 방식은 다만 다른 방식이 아니라 "틀린" 방식이다. 아마 스위프트는 아이들의 세계에서 일어나는 일들이 성인들의 세계에서도 그에 못지않게 일어난다는 사실을 이 이야기를 통해 말하고 싶었을 것이다.

이제 "다르다"가 아니라 "틀리다"에 내포된 차이, "틀리다"를 "다르다"로 바꾸더라도 없어지지 않는 차이, 차별이나 차별화에 쉽게 동원되는 이 원초적 차이를 별도의 명칭으로 부르도록 하자. 어떤 명칭이 좋을까? 나는 바로 그것을 앞으로 "틀림"이라고 부르겠다.

틀림이란 이를테면 다양성의 원석 같은 것이다. 아이들의 세계에서 차이는 우선 틀림으로서 주어진다. 아이들은 크고 작은 틀림들을 세공하여 다양성으로 바꾸는 법을 배워야 한다(문화적 과제). 그렇게 하면서 아이들은 자신들의 세계를, 자신들이 받아들이고 향유할 수 있는 세계를 조금씩 확장해 갈 것이다.

공동체로서의 세계란 안정적인 동일성의 기반이면서 동시에 다양성을 품고 있는 곳이다. 사람들은 같은 세계에 속한 사람들

에게서 동질감이나 유대감을 느낄 수 있다. 그러한 유대의 공간
은 어린 시절 가족에서 시작해서 마을과 학교 공동체로 점점 더
확장된다. 알다시피 오늘날 대도시 주거지에서 그러한 마을 공동
체는 점차 소멸해 가고 있다. 오늘날 가족과 부모의 돌봄이 비정
상적일 정도로 강조되는 이유는 이러한 사정과 무관하지 않을 것
이다.

아이들은 세계 속에서 동일성과 유대감만을 경험하지 않는다.
다양성이나 개별성도 발견한다. 세계는 획일적인 사람들이 모여
사는 곳이 아니다. 그곳은 성별이나 나이나 키나 머리 모양이나
피부색이나 말투나 의복이나 사는 집이나 부모의 직업이나 그 밖
의 온갖 차이가 공존하고 있는 공간이다. 이러한 다양성은 분명
세계를 이루는 요소들이지만, 아이에게는 처음에 그와 같은 다양
성으로서가 아니라 틀림으로서 주어진다. 그렇기에 아이에게는
틀림을 다양성으로 전환해 내는 문화적 과제가 주어지는 것이다.

우리가 흔히 '정체성'이라고 번역하는 영어의 identity는 '동일
성'이라는 뜻도 가지고 있다. 하지만 엄밀하게 말해서 정체성과
동일성은 같은 게 아니다. 오히려 정체성은 동일성과 개별성 양
쪽 모두를 포괄하고 있는 개념이라고 보아야 할 것이다. 이는 인
간 정체성과 긴밀하게 연동된 인간 고유명, 즉 성명의 구조이기

도 하다. 성명은 성과 명의 결합인데, 이때 성은 한 사람이 속한 동일한 집단을 가리키며 명은 개인을 가리킨다.[31] 우리가 친한 사람을 성 없이 이름으로만 부르는 것은 이미 동일성을 공유한다는, 즉 같은 세계에 속한다는 전제가 있기 때문일 것이다.

인간 정체성의 구조를 이렇게 바라볼 때, 우리는 틀림의 위치 내지는 위상을 다음과 같이 규정할 수 있다.

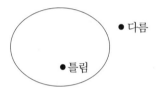

큰 원은 아이가 속한 세계를 가리킨다. 세계 바깥에 있는 것들이 다만 바깥에 머물고 있을 때 그것들은 "다른" 것이다. 문제는 그 다른 것이 세계의 경계를 침범할 때, 또는 세계의 경계 안에서 발견될 때다. 다시 말해서 다른 것이 친숙한 세계에서 발견될 때다. 그때 그 다른 것은 단지 다른 것이 아니라 틀린 것의 위상을 획득한다. 다시 말해서 틀린 것은 친숙한 곳에서 발견된 다른 것

---

31 성명에 대해서는 〈4장〉을 볼 것.

이다.

　이 낯선 존재의 원형은 무엇일까? 줄리엣 미첼은 그것이 새로 태어난 아기라고 말한다. 아기가 태어나기 전에 나는 사랑을 독차지하는 아기 폐하였다. 하지만 새로 태어난 동기는 나의 자리를 위협하며, 이는 존재의 소멸, 즉 죽음의 감각으로 다가온다. 아이는 장기간에 걸쳐서 이러한 외상을 극복하는 법을 배워야 하며, 옆에 있는 타인과 잘 지내는 법을 배워야 한다. 즉 측면관계를 넓히는 법을 배워야 한다. 교사들은 교사와 학생 사이의 수직관계가 아니라 또래들 간의 측면관계에서 따돌림 같은 차별 현상이 잘 일어난다는 것을 너무나도 알고 있다. 그런데 이는 여러 아이를 낳아 키우는 부모 역시 너무나 잘 알고 있는 사실이다.

　친숙한 세계에 등장한 낯선 존재는 저 외상을, 저 죽음의 감각을 상기시킬 수 있다. 다시 말해서 아이는 그 대상에게서 위협을 느낄 수 있다. 아이에게 부과된 문화적 과제는 이 틀린 것을 세계 내부에서 수용하는 것이며, 틀린 것을 포함할 수 있도록 세계를 확장하는 것이다. 아이의 이러한 문화적 과제는 그 아이가 속한 세계 자체가 다양성을 얼마나 수용할 수 있는지에 영향을 받을 것이다.

인권에서 배움으로

—

"다르다" 대신에 "틀리다"라고 하면 안 된다고 하는 최근에 확산되어 가고 있는 주장은, 인권 감수성에서 나오는 주장이기는 하지만, 아이들의 중차대한 문화적 과제가 걸려 있는 차이, 즉 틀림으로서의 차이를 언어적 규범에 의지하여 **부정한다**. 그런데 이 문화적 과제, 즉 틀림을 다양성으로 전환하는 과제는 언어를 규범에 맞게 사용하는 것으로 결코 환원되지 않는다.

이제 소용돌이에서 빠져나오기 위해 두 가지를 제안하려고 한다. 첫째, 사전은 더 이상 다름을 뜻하는 "틀리다" 사용을 의미 오용 사례로 규정하지 말아야 한다. 실로 그것은 다만 남부 방언의 문제가 아니다. 예전부터 아이들은 "틀리다"를 그렇게 사용해 왔으며, 오늘날은 어른이 되어서도 그러한 사용법을 버리지 못하고 있는 것일 뿐이다. 통상 어른이라면 다른 것을 곧바로 다른 것으로 인지할 수 있는 사람이다. 하지만 어른이라도 가끔은 아이 같은 기분이 되며, 그럴 때면 가령 "역시 우리 집 김치는 틀려!"라고 말할 수도 있는 것이다.

둘째, 인권 감수성이 부정이라는 소극적 자세를 취하는 곳에 실은 긍정이라는 적극적인 배움의 과제가 있다는 것을 인정해야 한다. 이를 인정하는 한에서 부모나 교사에게는 인권 감수성 이상의 것이, 즉 배움을 촉진하는 능력이 요구된다.

가령 한국인의 경우 병원에 가서 흑인 의사를 만날 것이라고 기대하지 않는다. 아이들도 마찬가지다. 그런데 만약 아이를 데리고 간 병원에 흑인 의사가 있고, 아이가 의사의 피부색을 질문한다면 부모나 의사는 어떻게 대응하는 게 좋을까? 이러한 상황과 관련해서 두 가지를 확인하자. 첫째, 이 상황에서 아이는 단지 다름과 직면하고 있는 게 아니라 틀림과 직면하고 있다. 둘째, 이 상황에서 어른들의 대응 방식은 아이가 틀림을 어떻게 수용하느냐에 적지 않은 영향을 미칠 것이다. 다시 말해서 부모나 의사처럼 아이들을 대해야 하는 공동체의 성인들에게는 표준어법 감수성이나 인권 감수성으로 환원될 수 없는 "교육적" 감수성 내지는 능력이 요구된다.

바버러 쿠페츠는 이러한 상황에서 일어난 한 가지 사례를 들려준다. 흑인 의사를 본 적이 없었던 백인 아이 제나는 어느 날 가게 된 병원에서 흑인 의사를 보고 피부색의 예리한 대조를 알아차리고는 의사의 피부색이 무언지를 엄마에게 물었다. 아이의 어머니는 아이를 조용히 시키거나 하지 않았으며, 의사는 아이에게 "내 피부색은 다크초콜릿바 색이고 네 피부색은 연한 토스트 색

이야"라고 설명해 주었다. 아이는 대답에 만족했으며, 차이의 **존재**를 깨닫게 되었다.[32] 어머니는 아이의 질문을 무시하지 않음으로써, 의사는 아이의 세계에 친숙하게 존재하는 차이를 이용함으로써 아이가 틀림을 수용할 수 있도록 도와주었으며, 아이는 흑인 의사가 있을 수 있는 확장된 세계를 얻었다.

어린 제나가 알아차린 피부색의 차이, 쿠페츠가 "예리한 대조(sharp contrast)"라고 부른 차이는 바로 "틀림"이다. 틀림이란 곧바로 수용될 수 없는 차이, 즉 문화적으로 다루어져야 하는 차이를 가리킨다. 이와 같은 차이가 존재한다는 사실은 아이들이 자라나는 공간에서 아이들을 대하는 사람들에게 인권 감수성 이상의 감수성과 능력이 요구된다는 것을 의미한다.

32 Barbara Kupetz, "Do You See What I See? Appreciating Diversity in Early Childhood Settings", http://www.earlychildhoodnews.com/earlychildhood/article_view.aspx?ArticleID=147

4장

부모의 성을 모두 쓴다고
평등해질까

이름에 대한 불만

—

우리는 수많은 사람의 고유명=이름=을 알고 있거나 기억하고 있으며, 또한 매일매일 사용한다. 가령 매체에 자주 등장하는 정치인이나 연예인의 이름을 알고 있다. 박근혜나 유재석 같은 이름이 그런 경우다. 이 경우 우리와 전혀 안면이 없음에도 그렇다. 친구나 동료를 이름으로 부르는 좀더 자연스러운 경우도 있다. 학생은 선생의 이름을 안다. 선생도 대체로 학생들의 이름을 안다. 학자는 자신의 연구 분야에서 업적을 남긴 사람의 이름을 기억하고 인용한다.

우리는 또한 우리 자신의 이름이 있다. 가령 나는 "여보"나 "아빠", "선배"나 "선생님"으로 불리기도 하고 간혹 길거리에서 "저

기요…"라고 불리기도 하지만, 고유명＝이름으로 불리기도 한다. 나의 그 고유명은 나의 부모 형제나 친구가 나를 부를 때 사용되기도 하고, 병원에서 간호사가 대기하고 있던 나를 부를 때 사용되기도 하고, 내가 출간한 책의 저자나 역자 이름으로 사용되기도 한다.

사람들은 자신의 이런저런 것에 불만이 있을 수 있다. 어떤 사람은 자기 키나 얼굴에 불만이 있을 것이다. 자신의 부모가 불만인 사람도 없지는 않을 것이다. 그리고 부모가 지어 준 이름에 불만이 있을 수도 있다. 가령 이름이 촌스럽거나 놀림감이 되기 쉬울 때 그럴 수 있다. 2014년 개명 신청된 이름인 '김하녀'나 '권분필' 같은 경우가 그렇다. 이 경우 '하녀'나 '분필' 같은 이름이 개명의 대상이 될 것이다.

최근에는 좀더 근본적인 불만이 등장했다. 그것은 단지 이름에 대한 불만이 아니라 정확히 성에 대한 불만이다. 그것은 가령 '김하녀'나 '하녀'에 대한 불만이 아니라 '김'에 대한 불만이다. 즉 그것은 왜 아버지와 어머니 가운데 아버지의 성만을 사용하느냐는 평등주의적 불만이다. 그래서 성인이 되어 공식적으로 성을 사용하지 않거나 아니면 부모의 성을 모두 사용하는 사람들이 생겨나고 있다. 내가 들어 본 후자의 사례로는 가령 '조한혜정'이라는 문화인류학자의 이름과 '문강형준'이라는 평론가의 이름이 있다. 공동체의 질서와 무관할 수 없는 이와 같은 새로운 시도에는 늘 반대하거나 반발하는 사람이 있게 마련이다. 이름은 이름일 뿐이라고 생각하는 사람도 있겠지만, 역시 인간에게 이름은 이름일 뿐인 게 아니다.

아무리 핵가족이 대세라고 하더라도 아이에게는 친가가 있고 외가가 있기 마련이다. 외가에 간 아이들은 그곳에서 외할아버지나 외삼촌이나 이모나 외사촌이 어머니와 같은 성을 사용한다는 것을 알게 된다. 그래서 그게 다만 어머니의 성인 게 아니라는 것을 알게 된다. 또한 친가 사람들이 모인 곳에서는 아버지의 성이기도 한 자신의 성이 다만 아버지의 성에 불과하지 않다는 것을 알게 된다. 다시 말해서 성이라는 게 한쪽 부모의 성에 불과한 게 아니라 그 부모가 속한 (부계) 친족 집단의 성이라는 걸 알게 된다.

하지만 오늘날 아이들에게 이 친족 집단 경험을 할 수 있는 기회가 점점 더 줄어들고 있는 것도 사실이다. 그런데 친족 집단 경험이 줄어들면 그만큼 성에 대한 인식에도 점차 변화가 찾아오기 마련이다. 즉 그러면 그런 만큼 성은 오로지 아버지 개인의 성이나 어머니 개인의 성으로 인식된다. 사실 부모의 성을 모두 사용하는 경우는 암묵적으로 바로 이러한 변화된 인식을 토대로 하고 있다고 보아야 한다. 그것이 두 가문의 통합을 바라는 마음에서 왔을 리는 없다.

그렇다면 사회의 부계 중심성에 대한 문제의식과 아버지의 성만을 사용하는 것에 대한 문제의식이 반드시 동일한 차원에 있다고 볼 수만은 없다. 오히려 (부계 중심적) 친족 구조 자체가 점진적으로 해체되어 가는 바로 그 시점에 후자의 문제가 개인 정체성의 중심부에서 부상하고 있다고도 보아야 할 것이다. 인간을 자신의 의지와 상관없이 규정하는 전통적 관계들이 해체되고 있으니, 이제 바야흐로 독자적 인간들이 살아가는 세계가 도래하는 것일까?

독자성에 대한 관심

—

아이 이름을 짓기 위해 사람들은 이른바 철학관을 찾는다. 알다시피 그곳은 작명소다. 나에게도 역시 철학관에서 이름을 지은 조카가 있다. 그런데 정작 철학이라는 학문이 사람의 이름을 정식으로 다루는 경우는 매우 드물다. 사람과 사람 아닌 여타의 것들을 구분하지 않고 고유명 일반을 다루는 경우는 많다. 하지만 사람의 이름만 따로 취급하는 경우는 거의 없었다. 최근에 사람의 고유명에 주목하는 철학자가 등장했다. 프랑스 철학자인 그의 이름은 질 들뢰즈다.

그런데 나 자신은 철학자로서 예전부터 사람의 이름에 관심이 많았다. 그렇기에 위에서 언급한 새로운 현상을 직간접적으로 접하고는 궁금증이 생겼다. 즉 성을 사용하지 않거나 아니면 부모의 성 모두를 성으로 사용하는 사례를 보았을 때 나에게는 평등주의로는 다 설명되지 않는 무언가가 끝내 남아 있었다. 나 역시 평등의 문제에 누구보다도 관심이 있는 사람이지만, 이 사례들에 걸려 있는 문제는 다만 평등만이 아닌 것 같았다.

그건 그렇고 철학자로서 들뢰즈는 왜 고유명에 관심을 두는 것일까? 생활세계에서는 사람들이 성을 사용하지 않거나 두 성을 사용하는 새로운 현상이 발생한다. 철학세계에서는 한 철학자가 사람의 고유명에 관심을 두는 새로운 현상이 발생한다. 이 두 (새로운) 현상은 그저 무관한 것일까?

들뢰즈는 프로이트가 창시한 정신분석을 비판한 것으로 유명하다. 알다시피 정신분석은 부모와 자식 간의 수직적 관계를 중심으로 인간의 심리적 현실에 접근하는 학문이다. 즉 정신분석은 어떤 사람에게 심리적인 문제가 있을 때, 이를 어린 시절 부모와의 관계로까지 거슬러 올라가는 방법을 이용한다. 아버지와 어머니와 아이의 삼각관계에서 발생하는 심리적 과정들을 지칭하는 '오이디푸스 콤플렉스'라는 표현은 오늘날 일반인에게도 낯설지만은 않다.

프로이트의 환자 가운데는 프로이트가 '늑대인간'이라고 부른 유명한 남자 환자가 있었다. 러시아 귀족 출신으로 본명은 세르게이 판케예프였다. 이 늑대인간과 관련해서 들뢰즈는 이렇게 말하고 있다.

그는 자신이 본래 이름보다 더 고유한, "늑대인간"이라는 **진정한 고유명**을 획득해 가는 중이라는 사실을 알고 있었다. 그는 늑대라는 속(屬)을 이루는 다양체를 순간적으로 포착함으로써 **최고의 독자성**을 획득했던 것이다. 그러나 그는 이 새롭고 진정한 이름이 왜곡되고, 잘못 씌어지고, **아버지의 성**(姓)으로 뒤바뀌리라는 것 또한 알고 있었다.[33]

33 질 들뢰즈·펠릭스 가타리, 《천개의 고원》, 김재인 옮김, 새물결, 2001, 59쪽. 강조는 필자.

이 구절을 잘 읽어 보면 들뢰즈가 두 가지 고유명을 구분하고 있다는 것을 알 수 있다. 하나는 태어날 때 주어지는 아버지의 성이다. 다른 하나는 "진정한 고유명"이다. 진정한 고유명을 획득한다는 말은 또한 "최고의 독자성"을 획득한다는 말이다. 반면에 정신분석은 이 새롭고 진정한 이름을 아버지의 성으로 뒤바꾼다.

쉽게 설명하면 이렇다. 홍길동이라는 인물이 아버지로부터 독립하여 "도깨비"라는 별명, 진정한 고유명을 획득했다고 해 보자. 그런데 정신분석은 그를 자꾸 홍 판서의 자식 "홍 아무개"로 환원하려고 한다. 서양에서는 이름이 먼저 오고 성이 나중에 온다. 그 성은 물론 아버지의 성이다. 따라서 판케예프가 아버지의 성이다. 정신분석은 이 아버지 판케예프와 늑대인간의 관계를 주시한다. 하지만 들뢰즈가 보기에 늑대인간은 아버지의 세계를 떠나서 늑대 무리로 진입하고 있다. 최고의 독자성이 있는 곳으로.

성을 사용하지 않거나 두 성을 사용하는 사람들과 들뢰즈에게는 한 가지 공통점이 있다. 그것은 바로 아버지의 성에 민감하게 반응하고 있다는 점이다. 그렇기에 성을 사용하지 않거나 아니면 어머니의 성과 같이 사용한다. 후자의 경우 평등주의적 시도로 보인다. 하지만 들뢰즈의 경우 성을 버리는 것은 곧 독자성을 획득하는 것이다.

오늘날 인간 고유명에서 발생하고 있는 의미심장한 작은 변화는 두 가지 방향성을 내포한다. 즉 평등과 독자성. 두 성을 사용하는 사례는 분명 평등을 향하고 있다. 하지만 들뢰즈의 늑대인간처럼 성과 이름을 통째로 버리고 새로운 이름을 획득하는 경우가 아니라 성만 사용하지 않고 기존 이름을 그대로 사용하는 경우는 방향성이 애매하다. 그것은 평등의 길로도 읽히고 독자성의 길로도 읽힌다. 아니면 역시 쉽지만은 않을 독자성의 길 앞에서 아직 머뭇거리고 있는 것일까?

인간 고유명의 구조

—

프로이트나 들뢰즈는 원래 아버지의 성이다. 서양 철학사에서 아버지의 성으로 기억되지 않는 철학자들은 고대 그리스의 철학자들이다. 고대 그리스에서는 별도로 성이 없었다. 그리고 장자는 친할아버지 이름을, 그리고 다른 자식들은 다른 친척들 이름을 썼다.[34] 또한 별명이 원래 이름을 대체하는 경우도 있었다. 가령

34 기원전 5세기 말부터 아테네 남자들은 종종 그들의 개인 이름에다가 그들의 아버지 이름이나 도시, 부족명을 소유격으로 덧붙여 불리기도 했다.

플라톤의 원래 이름은 할아버지 이름인 아리스토클레스였지만 거의 사용되지 않았다. 우리가 아는 플라톤은 어깨가 넓다는 뜻의 별명이었다. 하지만 프로이트의 이름은 '지그문트 프로이트'이며, 들뢰즈의 이름은 '질 들뢰즈'다.

질 들뢰즈나 박근혜는 사람의 고유명이다. 반면에 '서울'이나 '파리'는 사물의 고유명이다. 다른 고유명과는 달리 사람의 고유명은 두 부분으로 이루어진다. 다시 말해서, 성과 이름으로 이루어진다. 그리하여 '박'과 '들뢰즈'는 성이고 '근혜'와 '질'은 이름이다. 이 점을 고려해서 우리는 사람의 이름을 '성명'이라고 한다. 사전적 정의에 따르자면 그것은 성과 이름을 아울러 이르는 말로서, 성은 가계(家系)의 이름이고 명은 개인의 이름이다.

들뢰즈는 사람의 고유명을 기타 고유명과 구별 짓는 특성을 제거하려고 한다. 즉 성을 없애려고 한다. 들뢰즈의 이런 시도를 통해서 우리는 거꾸로 사람의 고유명을 구별 짓는 특성이 존재한다는 것을 새삼 깨닫게 된다.

'늑대인간'이라는 새롭고 진정한 고유명이 정신분석가들에 의해 아버지의 성으로 뒤바뀌게 된다는 사실에 민감하게 반응하는 들뢰즈는 성명의 구조에 아마도 비판적일 것이다. 하지만 이 구조는 관점에 따라서는 인간 존재에 관한 어떤 일반적인 진리를 포착하고 있다고 볼 수도 있다. 즉 사람의 고유명이 이렇듯 두 부분으로 이루어지는 것은 사람이 개인인 동시에 공동체에 속하기 때문이다.

사람이 태어나서 직접적인 방식으로 최초로 속하게 되는 공동체는 가족이기 때문에, 공동체에 속함을 나타내는 성은 가족의 성이며, 그 가운데서도 가장인 아버지의 성이다. 인간의 고유명 속에는 가장 기초적인 방식으로 개인과 세계의 관계가 기입되어 있다. 인간의 고유명 속에 기입된 세계는 일반적으로 가계 내지는 가족이다. 오늘날처럼 핵가족이 일반적인 사회에서는 다만 가족으로 보아도 무방할 것이다.

하지만 인간은 가족이라는 세계 안에만 머물지 않는다. 인간은 나이가 들고 성장을 하면서 가족보다 더 큰 세계로 나아가게 된다. 그리하여 초등학교에서 고등학교나 대학교까지 학생의 신분으로 학교에 소속되어 있다가, 성인이 되면 직업의 세계로 들어가게 된다. 일반적으로는 이 직업의 세계까지를 처음부터 에워싸는 가장 큰 공동체가 있으며, 그것은 국가라고 불린다. 인간은 크고 작은 수많은 공동체와 사회에 속하지만, 그리하여 타인들과 다양한 관계를 맺고 살아가지만, 오늘날 일반적으로 이 관계들 가운데 오로지 가족 관계만이 인간 고유명에 기입된다. 그런데 오늘날 이와 같은 기입 방식에 대한 불만이 조금씩 표출되고 있는 것이다. 지각구조의 변동 조짐일까, 아니면 찻잔 속 태풍일까?

기능적 관점에서

—

우리는 인간 고유명의 구조를 살펴봄으로써 성과 명의 근본적 기능을 알아보았다. 성은 기본적으로 한 인간이 어떤 공동체 혹은 더 나아가 어떤 세계에 속하는지를 알려 준다. 그리고 명은 바로 그 개인을 지칭한다. 성이 반드시 아버지의 성일 필요는 없었다. 성의 한자 姓이 시사하듯이 성은 원래 아버지가 아니라 어머니와 연관되어 있었다. 실제로 중국에서 최초의 성은 "여성을 중심으로 살았던 주거지의 산이나 강의 이름 등을 이용하여" 만들어졌다.[35]

알다시피 같은 형제들끼리는 성 없이 이름으로만 서로를 부른다. 왜일까? 다만 친밀한 관계이기 때문일까? 그것도 맞는 답이겠지만, 이렇게도 설명할 수 있을 것이다. 즉 같은 형제들은 이미 같은 가족=공동체에 속해 있기에 따로 성을 사용할 필요가 없는

---

35 신도희, 〈성명의 시대적 변천과정과 사용현황 연구〉, 경기대학교 석사 학위 논문, 2쪽.

것이라고 말이다.

또한 이를 역으로 생각해 본다면, 성이 필요한 이유는 세계가 하나가 아니기 때문일 것이고, 가족이나 공동체의 외부가 있기 때문일 것이다. 외부인을 만나면 우리는 그가 어디서 왔는지를 묻거나 궁금해 하기 마련이다. 그러한 궁금증은 말하자면 "성"에 대한 궁금증이다. 그렇기에 나이 든 노인들은 새로 만난 사람에게 성씨를 묻고 또 그것이 어디 성씨인지 캐묻기를 좋아하는 것일 터이다. 그래야 어디서 왔는지를 알 수 있으니까.

영어에는 "Where are you from?"이라는 일상적인 물음이 있다. 어떻게 보면 이 물음은 성을 물어보는 물음이다. 또한 요즘에는 잘 사용하지 않지만, 예전에는 혼인하여 시집온 여성을 성명 대신 출신지로 부르는 경우가 많았다. 이러한 대체 이름을 택호라고 한다. 같은 성을 쓰는 동성마을에서 집 이름(=택호)을 지을 때 변별성을 위해 며느리 출신지를 사용한 것에서 기원한다. 가령 여성의 출신지가 옥천이라면 그 집과 며느리를 "옥천댁"이라고 부르는 식이다. 이 경우 택호가 며느리의 성명을 대체한다.[36] 하지만 옥천은 출신지를 나타내므로, 기존 성명을 새로운 성명으

---

36 택호에 대한 상세한 설명은 김미영,《가족과 친족의 민속학》(민속원, 2008)의 2부 2장 〈동성마을 택호의 구조와 기능〉을 볼 것.

로 대체했다기보다는 새로운 성으로 대체한 것이다. 이러한 사례는 들뢰즈의 설명에서 '세르게이 판케예프'(이름+성)를 '늑대인간'(새로운 이름)이 대체한 경우와는 정반대라고 할 수 있겠다.

택호: 성명 → 성(옥천댁)

진정한 고유명: 성명 → 이름(늑대인간)

우리는 성명을 기능적 관점에서 들여다보고 있다. 기능적 관점에서 성명에 접근한다는 말은 실체적으로 접근하지 않는다는 말이다. 가령 사전적 정의는 성명에서의 성을 가계의 이름으로 실체화하고 있는데, 이는 성명에 대한 사유가 우연적인 역사적 조건을 넘어설 수 없도록 만든다. 성이 세계와의 관계를 이름 속에 기입한다고 말함으로써 우리는 더 일반적인 관점을, 즉 기능적 관점을 얻는다.

이와 같은 관점에 서게 되면, 성명의 구조를 갖지 않은 사례들을 성명의 구조를 갖는 것으로 새롭게 바라볼 수 있게 된다. 이와 관련해서 우리는 두 가지 사례를 들어 볼 수 있다.

첫째, 기원전 428-427년에 태어난 것으로 알려진 고대 그리스의 철학자 플라톤의《대화편》에서 우리는 사람들 이름과 관련해서 다음과 같은 구절을 어렵지 않게 찾을 수 있다.

나는 성벽 아래에 나 있는 성벽 바깥쪽 길을 따라 아카데미아로부터 곧장 뤼케이온을 향해 가고 있었네. 그런데 내가 파놉스의 샘이 있는 쪽문 근처에 다다랐을 때, 거기서 마침 **히에로뉘모스의 아들 히포탈레스**와 **파이아니아 출신의 크테시포스**, 그리고 이 두 사람과 함께 무리지어 있는 다른 젊은이들을 만나게 되었네.[37]

앞서 잠깐 언급했듯이, 원래 그리스에서 사람의 고유명에는 따로 성과 이름의 구분이 없었다. 하지만 기원전 5세기 말부터 아테네 남자들은 종종 개인 이름에다가 아버지의 이름 또는 마을이나 부족명을 덧붙이기도 했다. "히에로뉘모스의 아들 히포탈레스"나 "파이아니아 출신의 크테시포스"를 그 사례라고 볼 수 있다. 파이아니아는 고대 아테네의 마을 이름이다.

여기서 우리는 말하자면 성이 이제 막 생겨나고 있는 현장을 목격하고 있다. '히에로뉘모스'나 '파이아니아'는 일종의 성으로 사용되고 있다. 실체적 관점에서 그것은 아직 성이 아니지만, 기

---

37 플라톤,《뤼시스》, 강철웅 옮김, 이제이북스, 2007, 49쪽. 강조는 필자.

능적 관점에서는 이미 성의 기능을 수행하고 있다.

둘째, 우리는 자신이나 남을 소개할 때 종종 성명에 앞서 소속 학교나 직장의 이름을 말하는 경우가 있다. 가령 대학생 연합동 아리가 있다고 해 보자. 그 동아리 멤버들은 처음에 서로를 어떻게 소개할까? 아마 '소속 대학교 이름 + 자기 성명'의 방식을 택할 것이다. 가령 "저는 서강대학교 백은주입니다"고 말이다. 기능적 관점에서 볼 때, 여기서 '서강대학교'는 성의 역할을 하고 '백은주'는 이름의 역할을 한다. 성은 그 사람이 어디서 왔는지를 알려 준다.

드라마 〈미생〉의 오 과장이 새로 거래할 사람에게 자신을 "원 인터내셔널 오상식이라고 합니다"고 소개한다고 하자. 이 경우 우리는 '원 인터내셔널'이 성의 기능을 수행하고 있고 '오상식'은 이름의 기능을 수행한다고 말할 수 있을 것이다. 또한 여러 나라 사람이 모인 자리에서는 나라 이름이 성의 역할을 할 것이다.

한 가지 덧붙이자면, 오늘날 실제로 성명에 들어 있는 성의 지위는 예전만 못하다. 또한 예전에는 성과 이름을 띄어 썼지만 요즘에는 구분 없이 붙여 쓰는데, 이렇게 되면 성명이 한 덩어리로 인식되기 쉽다.

두 개의 역설

—

1) 조한혜정의 역설

성은 한 개인이 어떤 공동체에 속하는지를 알려 준다. 따라서 성은 개인을 지칭하는 게 아니라 집단을 지칭한다. 아버지의 성은 아버지 형제자매들의 성이기도 하고, 그들 아버지의 성이기도 하다. 물론 아버지 성을 따르는 집단은 부계 혈연집단이다.

오늘날 아버지 성과 어머니 성을 모두 사용하는 실천은 사실상 성의 기본적 기능의 축소나 소멸에 근거하고 있다. 이러한 실천에서 성은 집단을 가리킨다기보다는 아버지나 어머니 개인의 성으로 인식된다. 성은 세계와의 관계를 이름 속에 기입한다는 일반적인 정의를 따를 때, 이처럼 세계의 이름이 아니라 개인의 이름으로 환원된 성은 더 이상 성이라고 할 수 없다.

아버지의 성에 대한 평등주의적 항의로 시작된 것이 성 기능의 소멸에 대한 확인으로 귀착될 수밖에 없는 이와 같은 현상을 나는 "조한혜정의 역설"이라고 부를 것이다. 이 역설의 문제는 원래의 실천 목표가 무엇이었건 너무 적은 일을 한다는 것이다. 즉 과소의 역설. 가령 그것은 부계 집단이나 모계 집단이 아닌 새로운 공동체의 가능성을 열지 못한다. 두 성의 병치는 내 집 열쇠는

될 수 있을지언정, 더 넓고 새로운 평등한 세계 X로 들어가는 열쇠가 될 수 없다. 말콤 X가 성의 자리에 'X'를 놓음으로써 꿈꾸었을지도 모를 세상 말이다.[38]

우리는 불평등한 낡은 질서를 잃어 가고 있으며 아직은 평등한 새로운 세계를 얻지 못하고 있다. 그것이 성에서의 불만이 생겨나는 근본적인 원인일 것이다. 새로운 성은 새로운 세계와 더불어 오는 것이다.

2) 늑대인간의 역설

들뢰즈에 따르면, 아버지의 성을 버리고 새로운 진정한 고유명을 획득하는 것은 최고의 독자성을 획득하는 것이다. 그런데 독자성을 획득한다는 말이 꼭 공동체나 세계와 무관하게 나 홀로 살아간다는 뜻은 아니다. 늑대인간은 늑대 무리 속으로 들어간다.

들뢰즈는 마치 성을 버려야만 독자성을 획득할 수 있는 것인 양 이야기한다. 하지만 인간의 고유명인 성명에는 최고의 독자성은 아닐지언정 독자성을 위한 자리(=명)도 있다. 더 나아가 사람

---

38 지젝은 이 말콤 x의 x를 라캉적 의미에서 "아버지의 이름"으로 본다(슬라보예 지젝, 《부정적인 것과 함께 머물기》, 이성민 옮김, 도서출판 b, 2007, 154-157쪽). 나는 이러한 협소한 의견에 동의하지 않는다.

들은 충분히 친해졌을 때, 더 이상 성을 붙이지 않고 이름으로만 서로를 부른다. 같은 세계에 있다는 친밀감이 들 때, 이렇게 서로의 독자성을 보호하는 것이다.

들뢰즈는 늑대인간이 최고의 독자성을 획득하는 과정에서 성을 버리고, 하지만 성과 함께 있었던 본래의 이름도 버리고, '늑대인간'이라는 새로운 고유명을 획득하고, 늑대가 된다고 말한다. 다시 말해서 들뢰즈의 늑대인간은 인간의 고유명인 성명이 이미 허용하는 것을 획득하기 위해 너무나도 많은 일을 해야만 한다. 즉 인간의 이름을 버려야 하고, 심지어 인간이라는 정체성조차 버려야 한다.[39] 늑대인간의 역설 또는 과대의 역설.

들뢰즈의 늑대인간은 너무 많은 것을 해야 하지만, 정작 중요한 한 가지를 하지 못한다. 즉 그 진정한 새로운 고유명을 지은 것은 본인이 아니라 프로이트다. 역시 이름이란 제아무리 늑대인간일지언정 스스로 지을 수 없는 것이란 말인가?

그렇지 않다. 한국의 경우 삼국시대부터 호를 쓰기 시작했다. 가령 원효의 호는 '소성거사'다. 호는 친구나 스승이 지어 주기도 하지만 스스로 짓기도 한다. 사극 〈정도전〉을 보면 정도전이 유

39 "고유명사는 결코 사람이나 주체를 가리키지 않습니다." 질 들뢰즈·클레르 파르네, 《디알로그》, 허희정·전승화 옮김, 동문선, 2005, 16쪽. 또한 102쪽 참조.

년 시절을 보낸 충북 단양의 도담삼봉에서 '삼봉'이라는 호로 지었다는 이야기가 나온다. 또한 이 사극을 보면 절친한 사이였던 정도전과 정몽주가 서로를 '포은'과 '삼봉'이라는 호로 부르는 것을 볼 수 있다. 호는 성이라기보다는 이름이다. 이황의 호는 퇴계인데, '이'라는 성 뒤에 '퇴계'를 붙여 '이퇴계'라고 하는 것을 보면 이를 금방 알 수 있다.

새로운 성을 얻기 위해서는 새로운 세계가 있어야 한다. 그리고 새로운 세계에서 사용할 이름을 우리는 우리 스스로 지을 수 있다. 그 평등한 세상을 함께할 친구가 지어 줄 수도 있겠지만.

5장

직업은 무엇을 선택하는 일인가

직업 선택의 자유

—

현대인에게는 아주 중요한 자유가 있다. 바로 선택의 자유다. 예전에는 선택의 자유가 없었다는 말이 아니다. 현대인에게 매우 중요하고도 당연한 어떤 선택의 자유가 없었다는 말이다. 가령 우리는 우리가 입을 의복을 일반적으로 자유롭게 선택할 수 있다. 옷은 종종 사람을 말해 주므로, 중요한 선택이 아닐 수 없다. 우리는 또한 직업을 선택할 수 있다. 근대 이전에는 의복처럼 직업도 자유로운 선택의 문제는 아니었다. 오히려 부모의 직업이 나의 직업이 되는 게 보통이었다. 하지만 헌법 제15조에 따르면 오늘날 "모든 국민은 직업 선택의 자유를 가진다."

경제학자는 이런 자유를 다만 경제적 자유라고 생각할지 모른다. 그도 그럴 것이 우리는 직업을 통해서 돈을 벌고 그렇게 번 돈으로 마음에 드는 옷을 골라 구입한다. 이른바 경제활동을 하는 것이다. 오늘날은 자본주의 시장경제의 시대이므로 꼭 경제학자가 아니더라도 많은 사람이 바로 그렇게 생각한다.

하지만 마음에 들거나 필요한 옷을 고르는 일이 다만 경제활동에 불과하지 않다는 것 역시 우리는 잘 알고 있다. 그것은 경제적 중요성만을 갖는 선택이 아니다. 마찬가지로, 마음에 드는 직업을 선택하는 일도 그렇다. 우리는 교사나 의사로 태어나지도 않으며, 요리사나 엔지니어로 태어나지도 않으며, 환경미화원이나 공무원으로 태어나지도 않는다. 하지만 때가 되면 선택을 해야 하며, 이 선택은 (남아 있는 새로운) 인생을 결정하는 매우 중요한 선택이 된다.

직업에는 한 개인의 삶의 의미나 사회의 건강함과 관련된 본질적 측면이 있다. 직업의 문제에 남다른 관심을 가졌던 사회학자 뒤르켐은 이렇게 말했다. "개인은 자기 자신을 위해 적합한 목적이 아니다. 그가 자기 자신을 목적으로 삼을 때, 그는 도덕적 비참의 상태로 전락하며 이는 그를 자살로 이끈다." 나르시시즘에 대한 이와 같은 경고는 예나 지금이나 마음에 새겨 두어야 한다. 한 개인이 자기 자신을 넘어서는 목적으로 삼았던 것은 일반적으로 가족이었다. 뒤르켐은 친족 공동체의 소멸과 더불어 부부가족으로 축소된 오늘날의 가족이 점점 더 그러한 도덕적 기능을 수행할 수 없을 것이라고 진단한다. 그러고는 이렇게 말한다. "개인을 단단히 붙잡아 줄 정도로 충분히 그 개인과 가까우면서도 그에게 광대한 관점을 허용할 정도로 충분히 지속적인 단 하나의 집단만을 발견할 수 있다. 그 집단은 직업 집단이다."[40]

그런데 뒤르켐의 희망과는 달리, 오늘날 직업의 이러한 측면은 점점 더 침식당하고 있다. 오늘날 직업의 현실은 뒤르켐이 기대했던 것과는 거리가 멀다. 알다시피 요즘에는 가족을 단위로 하는 불평등이 사회에서 극심해졌다. 어떤 부모를 만나느냐에 따라 '선택'할 수 있는 직업이 달라지거나 애당초 주어지지 않기도 한다. 또한 선택하고 싶은 직업의 종류와 양도 줄어들고 있다. 가령 "좋았던 옛날" 각종 가게 주인들이 했던 일들을 오늘날은 대형마트 종업원들이 하고 있다. 또한 드라마 〈미생〉이 잘 보여 주었듯이, 직장인의 현실은 합리적이고 성숙한 일의 보람에 있는 게 아니라 오히려 봉건적이고 퇴행적인 인간관계를 견뎌 내면서 작은 보람 한두 조각을 건지는 데 있는 것도 같다. 오늘날 우리는 직업

---

40 Emile Durkheim, "A Durkheim Fragment", *The American Journal of Sociology*, vol. 70, no. 5 (Mar., 1965), pp. 534-535.

선택의 자유를 실현하는 게 어려운 세상에 살고 있다.

직업 선택의 자유에 부정적으로 간섭하는 두 가지 잘 알려진 요인이 있다. 하나는 돈이고 다른 하나는 명성이다. 돈은 직업 선택의 중요성을 흐려 놓으며, 그 자체가 직업 선택의 주된 기준이 되기도 한다. 돈을 많이 벌 수 없는 직업은 직업의 본래적 중요성에도 불구하고 폄하되거나 천시되는 경향이 있다. 또 다른 잘 알려진 요소는 오늘날 '인기'라고 불리는 상상적 명성이다. 이것은 특히 아이들에게 큰 영향을 미치며, 그래서 많은 아이가 대중의 인기를 한 몸에 받는 이른바 연예인이 되기를 원한다. 게다가 인기에는 돈도 따라오기 마련이므로 금상첨화인 셈이다. 이 상상적 나르시시즘의 세계가 욕망을 더 많이 빨아들일수록 현실에서는 그만큼 욕망이 빠져나가기 마련이며, 본래적인 직업의 세계는 빈곤해지기 마련이다. 오늘날 직업은 다만 돈을 버는 경제적 활동일 뿐이며, 직업의 세계는 삶의 의미가 전개되는 생생한 장소가 아니다. 오늘날 수많은 청소년이 그러한 생생한 장소가 있다면 그곳을 TV 화면 저 너머의 연예계라고 생각한다.

직업 선택의 자유의 실현을 가로막는 또 다른 요인이 있다. 앞의 것과는 성질이나 종류가 좀 다른 것이다. 심리학자 에이브러햄 매슬로는 이렇게 말했다. "우리가 무엇을 원하는지 아는 것은 정상이 아니다."[41] 직업상담사라는 특이한 직업을 가진 로버트 시먼스는 바로 이 말을 직업에도 적용한다. 즉 어떤 직업을 선택할지는 그냥 주어지는 게 아니다. 그렇다고 할 때, 우리에게는 길을 찾는 데 도움을 줄 무언가가 필요할 것이다. 시먼스는 직업상담을 받아 보라고 조언한다. 정말로 자신이 원하는 길을 찾을 수 있도록 말이다.

나는 직업상담사가 아니다. 나는 상담 말고 그 대신에 철학자로서 다른 것을 제공하려고 한다. 가령 교사가 되는 것과 엔지니어가 되는 것은 분명 너무나도 다른 선택이다. 이 선택에 걸려 있는 것은 다만 돈이 아니다. 그 점을 사람들은 잘 알고 있다. 하지만 정확히 어떻게 다른 것일까? 우리는 이 두 선택이 왜 근본적으로 다른 길의 선택인지를 이해할 수 있는 방법을 가지고 있지 않으며, 이것이 또한 직업 선택의 자유가 실현되는 것을 가로막고 있다. 즉 직업에 대한 철학의 부재에서 오는 장벽.

나는 여기서 직업의 선택이 다만 다른 길의 선택에 불과하지 않고 다른 **세계의 선택**이라는 것을 보여 주려고 한다. 직업의 선택이 세계의 선택일 경우, 첫째 이제 우리에게는 그곳이 어떤 세계

---

41 알랭 드 보통, 《일의 기쁨과 슬픔》, 정영목 옮김, 은행나무, 2012, 125쪽에서 재인용.

인지를 자세히 들여다볼 필요성이 생긴다. 문제는 얼마나 많은 돈과 인기를 획득할 수 있는지가 아니라, 내가 선택해서—변경하지 않는 한—계속 살아가게 될 세계가 어떤 곳인지를 인식하는 것이다. 둘째, 세계를 들여다보면 틀림없이 우리의 선택과 삶에 대한 태도는 성숙하고 정확해질 것이다. 그리고 그렇게 되면, 즉 사람들이 점차로 세계로서 직업을 선택하게 되면, 직업의 각 세계에는 돈과 상상적 명성이 내몰았던 직업의 의미, 즉 반짝이는 직업의 이념=이데아들이 다시 찾아와 깃들게 될 것이다.

인간과 자연

—

우리 모두에게 너무나도 익숙해서 진부하기까지 한 어떤 구분에서 시작해 보도록 하자. 아이들이 자라서 고등학교에 진학하면 직업의 선택은 아니더라도 그것과 무관하지 않은 선택을 하게 된다. 즉 인문계열과 자연계열 중 하나를 선택하게 된다.

이러한 구분은 현실적으로 큰 의미가 없는 것도 같고, 또한 최근에는 계열 통합에 관한 논의도 생겨나고 있다. 더 나아가 현재 많은 대학에서는 인문계열 학과의 축소나 통폐합이 진행되고 있다. 나는 최근 한국 사회에서 보이는 이러한 현실적 경향을 직접 다루려는 게 아니다. 다만 여기서는 인문계열과 자연계열의 구분 그 자체를 좀더 생각해 보려고 한다.

학문의 구분으로 말해 보자면 그것은 인문학과 자연학의 구분 이다. 인문학은 인간과 관계된 학문이다. 반면에 자연학은 자연 과 관계된 학문이다. 의학이 인간을 다루면서도 자연학인 이유는 자연으로서의 인간, 즉 인간의 몸을 가장 중요하게 다루기 때문 일 것이다. 자연을 다루는 것과 인간을 다루는 것의 차이는 무시 할 수 있는 차이가 아니다. 요즘은 교육이나 육아에 대한 관심이 그 어느 때보다도 높으므로, 사람들은 이 점을 잘 이해하고 있을 것이다.

이러한 기본적 구분에 입각해서 직업을 분류할 경우, 세상의 모든 직업을 분류할 수는 없어도, 상당히 많은 중요한 직업을 분 류할 수 있게 된다. 즉 우리는 직업을 일차적으로 인간을 다루는 직업과 자연을 다루는 직업으로 구분할 수 있다.

인간을 다루는 일 가운데 가장 기본적인 일은 인간의 성장을 다루는 일이다. 인간은 문화적 동물이며, 그렇기에 매우 긴 성장 기간을 필요로 한다. 아이는 이러한 성장의 과제를 혼자 해결할 수 없으며, 어른들이나 동기간이나 또래 집단을 필요로 한다. 예전에는 대체로 그 어른들의 역할이라는 것이 그것에 특화된 직업을 가진 어른들의 역할은 아니었으며, 아이들은 마을 공동체에서 보고 배우면서 자연스럽게 성장했다. 하지만 오늘날은 아이들을 돌보고 가르치는 일이 점점 더 전문적인 직업의 기능이 되어 가고 있다.

오늘날 인간을 다루는 직업에는 육아도우미, 보육교사, 유치원 교사, 초등학교 교사, 중·고등학교 교사, 교수, 심리상담사 등이 기본적으로 포함될 것이다. 나는 이러한 직업들을 포함한 직업군을 '제1직업군'이라고 부르겠다. 부모는 (아직) 직업이 아니다. 하지만 만약 부모가 직업인 세상이 도래한다면, 다시 말해서 오늘날과 같은 형태의 가족이 사라진다면, 그곳에서 부모의 역할을 하는 사람은 제1직업군에 속할 것이다. 제1직업군에 속하는 사람들은 본질적으로 아이들의 건강한 성장에 관심이 있는 사람들이다.

경제적 관점에 물든 사람들은, 따라서 오늘날 대부분의 사람은 가령 성장이냐 복지냐 같은 대립 구도에 익숙하다. 이때 '성장'이란 인간의 성장을 말하는 게 아니라 경제적 성장을 말한다. 반면에 인간의 성장을 주되게 떠맡고 있는 영역은 고유한 이념과 모험과 반짝임을 상실한 채 다만 시혜적 어감과 더불어서 모호하게 '복지'의 영역으로 지칭된다.

직업을 일차적으로 인간을 다루는 직업과 자연을 다루는 직업으로 분류할 때, 이제 이 분류법 속에서 남은 것은 자연을 다루는 직업이다. 자연을 다루는 직업에는 알다시피 농수산업 종사자나 각 분야의 엔지니어나 과학자가 속할 것이다. 나는 이러한 직업들을 포함한 직업군을 '제2직업군'이라고 부르겠다. 제2직업군에 속하는 사람들이 다루는 것은 인간의 자연(=아이)이 아니라 대자연이다. '대자연'이라는 표현이 부적절해 보이기도 한데, 왜냐하면 오늘날 자연과학자들은 아주 작은 것들의 영역에도 도전하고 있기 때문이다.

이제 일차적인 직업 분류가 끝났다. 하지만 이러한 분류법은 결코 완전하지 않다. 인간을 다루느냐 아니면 자연을 다루느냐에 근거한 이와 같은 분류법은 가령 공무원, 정치인, 언론인, 법률가, 은행원, 경찰, 군인, 조종사, '삼성맨'이나 '현대맨', 연예인, 운동선수, 기업가 같은 직업이 어디에 속하는지를 따로 구분해 주지는 않는다. 당분간 이와 같은 직업들을 편의상 '제3직업군'으로 분류하도록 하겠다.

이러한 일차적인 직업 분류는 비록 완전한 분류는 아니더라도 그 고유한 가치를 지닌다. 즉 이와 같은 분류법이 없었다면 할 수 없었을 말을 할 수 있게 된다. 다시 말해서 이와 같은 분류법에 입각했을 때 전에는 보이지 않던 것을 볼 수 있게 된다.

• 제3직업군의 직업들이 기능하지 않거나 존재하지 않는다면 분명 우리 사회는 혼동에 빠지거나 퇴보하거나 따분해질 수 있을 것이다. 하지만 제1직업군과 제2직업군의 직업들이 기능하지 않거나 존재하지 않는다면, 인간 사회는 단적으로 소멸할 것이다. 제2직업군의 직업들이 없다면, 문명의 유지에 필요한 에너지나 자원이 공급되지 않을 것이다. 또한 에볼라나 자연재해 같은 자연의 위협에 대처할 수도 없을 것이다. 제1직업군의 직업들이 없다면, 아무도 아이를 낳아 기르지 않을 것이고, 문화=문명이 전수되지 않을 것이고, 바로 그 과학자나 엔지니어도 양성되지 않을 것이고, 사회적 재생산이 멈출 것이다.

• 이렇게 볼 때, 한 사회에서 제1직업군과 제2직업군의 중요성이 제3직업군에 비해 더 크다는 것을 알 수 있다. 이는 일차적인 직업 분류법을 통해 알 수 있게 된 사실이다. 그런데 현실을 들여다보면 직업의 중요성에 대한 평가가 이와는 다르다는 것을 알 수 있다. 오히려 제1직업군이나 제2직업군에 비해 터무니없이 훨씬 더 좋은 평가나 대우를 받는 직업 다수가 제3직업군에 속한다. 하는 일에 비해 과도한 돈이나 명성을 얻는 사람들은 대체로 제3직업군에 속한다.

• 제1직업군이 인문학과 직접적으로 관련이 있다고 할 때, 오늘날 사람들이 인문학에 대해 갖는 일반적인 이미지와 내가 여기서 제1직업군의 핵심적 가치나 이념으로 보고 있는 것, 즉 인간의 성장 사이에는 분명 괴리가 있다. 이러한 괴리는 오늘날—인문학의 존재 이유를 부정할 구실이 아니라—인문학의 타락을 가늠해 볼 수 있는 척도다.

세계 선택으로서의 직업 선택
—

이와 같은 분류법 덕분에 할 수 있는 것이 한 가지 더 있다. 즉 우리가 살아가는 세계를 이렇게도 저렇게도 그려 볼 수 있겠지만, 지금까지 말한 내용을 이용해서 다음과 같이 그려 볼 수 있다.

그림1. 직업의 관점에서 본 세계 지도(부분)

제1직업군에 속하는 사람들은 가족이나 학교 같은 크고 작은 공동체에서 일을 한다. 아이들은 바로 그곳에서 다른 아이들과 함께 성장한다. 성장을 하면서, 세상으로 나갈 준비를 한다. 그리하여 그 아이들이 이제 성년이 되면 직업의 선택에 직면하게 된다. 나는 제1직업군에 속하는 직업을 가진 사람들이 일하게 되는 세계를 제1세계 또는 **공동체**라고 부를 것이다.

자연에 대한 호기심이나 관심이 많은 사람은 제2직업군에 속하는 직업을 선택할 것이다. 즉 그들은 공동체에 남지 않고 공동체를 떠날 것이다. 그들에게 새롭게 주어지는 세계를 나는 제2세계 또는 **연합**이라고 부를 것이다. 그들은 그곳에서 같은 길을 선택한 동료들과 더불어서 자연을 탐구하고 자연과 대결하고 자연을 개조하거나 보존하는 일을 할 것이다. 또한 인간이 자연에게서 요구하는 것을 획득하는 것도 그들의 몫이 될 것이다. 더 나아가 미래에 인간이 지구 바깥으로 나아가야 할 때, 이를 인도하는 것도 그들의 몫이 될 것이다. 이러한 일을 수행함에 있어 당연히 자연과학이 도움을 줄 것이다.

하지만 성년이 되어 연합으로 나아가는 선택을 하지 않는 사람들도 있을 것이다. 자신이 성장한 세계인 공동체에 남아서 이제는 어른으로서 아이들을 키우고 교육하는 일에서, 아이들의 성장과 배움에서 보람을 느끼는 사람들은 교사 같은 공동체적 직업을 선택할 것이다. 그들은 공동체에 남아서 어떻게 하면 인간이 더 자유롭고 평등한 존재로 성장할 수 있는가를 놓고 실천과 탐구를 할 것이다. 이러한 일을 수행함에 있어 당연히 인문학이 도움을 줄 것이다.

이제 우리는 이렇게 말할 수 있는 관점을 얻었다. 즉 직업을 선택하는 일은 다만 온전한 경제생활을 개시한다는 의미를 넘어, 앞으로 살아갈 세계를 선택하는 문제다. 제1직업군에 속하는 직업을 선택하는 사람은 공동체를 장차 자신이 성인으로 살아가면서 욕망을 펼칠 세계로 선택한다. 제2직업군에 속하는 직업을 선택하는 사람은 자연과 직면하는 공동체 외부를 자신의 세계로 선택한다.

조선 같은 신분 사회에서는 직업 선택의 자유와 의복 선택의 자유가 오늘날처럼 크지 않았다. 오히려 태어나자마자 신분이 정해져 직업이 미리 결정되고 성인이 되면 그 직업과 신분에 따라 의복도 정해지는 경우가 많았다. 하지만 알다시피 오늘날 개인은 공식적으로 직업과 의복을 자유롭게 선택할 수 있다. 그런데 그 두 가지 가운데서 의복의 선택은 세계의 선택과 무관하지만 직업의 선택은 그렇지 않다. 물론 경찰이나 군인처럼 직업에 따라서 따로 의복이 정해지는 경우가 있기는 하다. 더 나아가 그 의복 때문에—가령 제복이 멋있어서!—직업을 선택하는 경우도 간혹 있다. 하지만 오늘날 직업의 선택과 의복의 선택 사이에는 일반적으로 큰 차이가 있다고 보아야 한다. 어떤 것의 선택이 곧 세계의 선택이 되는 것은 직업의 경우에만 타당하다.

무한도전

—

우리는 직업이 세계라는 것을 보았다. 그렇다고 직업의 세계를 다 둘러본 것은 아니다. 내가 편의상 제3직업군으로 분류한 직업까지 포함한다면 직업의 관점에서 본 세계 지도는 〈그림1〉이 제시하는 것보다 훨씬 더 복잡하고 다채로울 것이다. 하지만 다채롭다고? 우리가 현실에서 접하는 직업의 세계가 과연 그럴까? 그곳에서 다채롭고 매력적인 빛이 발산되고 있을까? 장차 그중 하나를 자기 직업으로 선택하게 될 아이들의 눈을 반짝이게 하고 아이들의 마음을 설레게 할 수 있을 정도로?

아침이 되면 우리는 집을 떠나 직업의 세계로 향한다. 그리고 저녁이 되면 직업의 세계에서 떠나 다시 집으로 돌아온다. 집에 돌아오면 저녁을 먹고 온 가족이 TV를 시청하기 마련이다. 오늘날 그 온 가족이라는 게 있기는 한지 의심스럽지만 말이다. 여하간, 한 신문 기사를 참조하면, 바로 그 황금시간대라고 불리는 시간에 한국과 일본에서 방영되는 프로그램이 다르다.

알다시피 한국의 경우 예능 프로그램이 대세여서, 가령 〈무한도전〉 같은 프로그램이 방영된다. 일본의 경우 대담과 특집 등이 주류를 이루는데, 주목을 끄는 하나가 NHK의 〈초제쓰 스고와자(超絶凄技)〉다. '기절초풍 초정밀 기술' 정도의 의미라고 한다. 주된 내용은 제조업의 초정밀 기술을 두 개의 팀이 나눠 겨루는 것이다. 알다시피 제조업 하면 떠오르는 두 나라가 있다면 바로 일본과 독일이다. 이 프로그램은 독일 중소기업과의 대결도 방영한다. 이 프로그램은 사람들로 하여금 직업의 세계에 관심을 갖게 만든다.[42]

한국의 대표적인 예능 프로그램에서는 무엇을 할까? 모든 것을 다 한다. 그들은 가령 농사를 짓기도 하고, 레슬링도 하고, 봅슬레이도 하고, 회사원이 되어도 보고, 가수도 하고, 환경을 걱정하기도 하고, 거리에서 추격전을 벌이기도 하고, 달력을 만들

---

42 이석봉, 〈기절초풍 초정밀 日 제조업 vs 예능 천국 한국〉, 헬로디디, 2015년 3월 29일.
   http://www.hellodd.com/news/article.html?no=52629

기도 하고, 한식 세계화를 위해 노력하기도 하고, 멤버들끼리 얼굴 자랑을 하기도 한다. 말 그대로 '무한도전'을 한다. 하지만 그렇게 하고 있는 그들은 도대체 무엇을 하는 것일까? 내가 보기에 그들은 가치를 전도시키고 있다. 〈무한도전〉 애청자들이 농사나 레슬링이나 봅슬레이나 직장인이나 환경 같은 것에 관심을 기울이는 것은 결국 그때뿐일 것이다. 반면에 그들은 〈무한도전〉 멤버들에게 항구적인 관심을 기울인다. 이 프로그램은 직업이 아니라 몇 명의 별 문제없는 개인에게 관심을 갖도록 만든다. 각종 직업을 이용하면서 말이다.

이 프로그램이 아이들만을 위한 프로그램이라면 어쩌면 큰 문제가 없을지도 모른다. 하지만 어른들이 나와서 아이들처럼 행동하는 이 프로그램은 세계 그 자체에 영향을 미친다. 그리하여 세계에 나와서 자신만의 능력을 키워 살아가는 사람들이 바로 그들에게 굽실거리게 만든다. 왜냐하면 빛은 바로 그들에게서 발하며 그들이 매우 큰 영향력을 가지고 있기 때문이다. 왜냐하면 그들과 하루를 같이 보내면 명성을 얻기 때문이다.

공적 관심

—

〈무한도전〉의 직업에 대한 관심은 NHK 프로그램이 제조업에 보이는 관심에 비해 가짜 관심 혹은 본말이 전도된 관심이라고 할 수 있을 것이다. 결국 사람들의 관심은 대부분 〈무한도전〉 자체로 돌아가게 되어 있다. 이 프로그램은 나르시시즘의 함정에 빠져 있는 프로그램이라고 볼 수 있다.

직업에 대한 또 다른 가짜 관심이 있다. 최근에 우리는 그 가짜 관심이 연예인의 입담과 방송 카메라를 통해서가 아니라 CCTV라는 또 다른 카메라의 형태로 구현되고 있는 것을 확인할 수 있다. 이 카메라는 스스로 요란하게 말하지 않으며, 그저 묵묵히 사람들의 '무한도전'을 보여 줄 뿐이다.

그런데 최근에 그러한 관심은 내가 제1세계라고 불렀던 곳에서 발생한 사건에서 촉발되었다. 한 어린이집에서 발생한 아동학대 장면이 CCTV에 찍혀 공개되었고, 이후에 사람들은 모든 어린이집에 CCTV를 설치해야 한다는 요구를 통해 제1세계에 대한 '관심'을 표출했다. 물론 보육교사의 인권 및 열악한 처우를 언급하며 이에 반대하는 사람도 있었다. 이 이야기의 결론에서 가장 비극적인—하지만 그럼에도 불구하고 진리가 드러나는—장면은 모든 어린이집에 CCTV 설치를 의무화하는 법안이 국회에서 부결되는 장면도 아니고 결국은 앞으로 CCTV가 모든 어린이집에 설치될 장면도 아니다. 오히려 보육교사들이 CCTV 설치에 차라리 찬성하는 장면이다. 전국보육교사총연합회 김명자 대표에 따르면 많은 교사가 자신들의 인권을 보호하기 위해서라도 CCTV에 찬성하고 있으며, 오히려 반대하는 것은 치부가 드러날 것을 염려하는 어린이집 원장들이다.[43]

그렇다면 보육교사들의 찬성을 통해 드러나는 진리는 무엇일까? 첫째, 로크나 루소나 헤겔 같은 쟁쟁한 근대 철학자들은 여자와 아이들이 있는 공간을 사적인 공간으로 따로 규정하고 싶어 했다. 그들의 그러한 소망은 너무나도 간절했지만, 오늘날 우리는 더 이상 가족으로 국한되지 않는 그 공간, 즉 제1세계가 사적인 공간이 아니라는 사실을 확인하고 있다. 둘째, 바로 그 세계가, 철학자도 정치인도 실은 별 관심을 기울이지 않았던 그 세계가, 오히려 경제인만이 앞으로 어떻게 하면 그곳에서도 이익을 창출할 수 있을까 하고 관심을 기울일 것만 같은 그 세계가, 오늘날 바로 그 공적 관심의 심각한 결핍을 겪고 있다. 공적 관심이

---

43 정주영, 〈CCTV, 많은 교사들은 찬성 … 치부 두려운 원장들이 반대〉, 중앙선데이, 2015년 3월 15일. http://sunday.joins.com/article/view.asp?aid=37366

심각하게 결핍된 상태에서, 그것을 대체할 것은 감시 말고는 없다. 슬프게도 감시는 공적 관심의 유일무이한 현실적 대체물이다.

예전에 나는 인공위성이 한국과 북한의 밤을 찍은 사진을 보았다. 북한 지역은 마치 존재하지도 않는 양 암흑이었고, 남한 지역은 대도시를 중심으로 밝게 빛나고 있었다. 이제 직업의 세계를 찍는 인공위성 카메라가 있다고 하자. 내가 세 가지로 분류해 놓은 세계에서 어느 곳이 가장 밝게 빛날까? 미국의 경우 제2세계는 확실히 밝게 빛날 것이다. 하지만 한국도 그러할까? 우리가 그토록 부러워하는 스웨덴은 제1세계가 밝게 빛날 것이다. 하지만 한국도 그러할까? 한국의 경우 제3세계의 일부가 아주 밝게 빛날 것이고, 나머지 세계는 어둡거나 컴컴할 것이다. 어떻게 하면 빛을 재분배할 수 있을까? 나는 세계의 예능화를 멈추는 것이 한 가지 길이라고 생각한다. 제3세계부터 말이다. 빛으로만 희망의 싹이 터서 자라지는 않는다. 누군가는 물을 주어야 한다. 나는 그 누군가가 우선은 직업 **세계의 시민** 자신이어야 한다고 생각한다.

6장

우리에겐 말의 자유가 있을까

지연된 질문

—

한국 사회에는 언론의 자유가 있을까? 어떤 사람들에게 이 질문은 참으로 이상한 소리처럼 들릴 것이다. 한국에 언론의 자유가 있냐고? 물론 오늘날 한국은 서양의 다른 자유민주주의 국가들 못지않게 언론의 자유를 누리고 있다. 서로 다른 입장을 대변하는 다양한 언론이 존재한다. 또한 개인들은 첨단 통신기술에 기반한 인터넷이나 SNS 같은 새로운 매체를 통해 각자의 의견을 다양하고 활발하게 직접 표출하고 있다. 따라서 한국인들과 한국 사회는 그 어느 때보다도, 그리고 그 어떤 국가 못지않게 언론의 자유를 풍요롭게 향유하고 있다.

하지만 이러한 의견에 마냥 동의할 수만은 없는 사람들도 있을 것이다. 또한 그런 사람 중에는 보수적인 정권하에서 언론에 대한 통제가 알게 모르게 강화되고 있다는 사실을 지적하고 싶은 사람도 있을 것이다. 가령 대통령을 비난하는 유인물을 배포한 사람이 구속이 되는 상황에서 어떻게 언론의 자유 운운할 수 있다는 말인가? 오히려 지금 한국 사회는 예전처럼 다시금 언론의 자유가 위협을 당하고 있지 않은가? 실제로 미국의 세계인권 감시단체인 프리덤하우스는 2011년부터 한국을 언론자유국에서 부분적 언론자유국으로 재분류했다. 올해도 역시 한국은—이제 5년째—부분적 자유언론국으로 분류되었다.

하지만 그렇다고 하더라도 한국에 언론의 자유가 전혀 없다고 볼 수는 없을 것이다. 언론의 자유가 일부 침해되고 있는 것은 사실일 수 있겠지만, 그렇다고 한국 사회에 언론의 자유가 없다고 단정 지어 말할 수는 없다. 프리덤하우스도 한국을 "언론자유가 없는 국가"로 분류한 것이 아니라 "부분적 언론자유국"으로 분류하지 않았던가? 물론 그 "부분적"이라는 수식으로도 우리는 충분히 자존심이 상할 수 있겠지만 말이다.

그런데 나는 이와 같은 익숙한 의견 대립 가운데서도 지금까지 한국에 언론의 자유가 있다는 것을 의심한 적이 없었다. 한국에 언론의 자유가 없다고 하는 극단적인 의견을 받아들이기는 힘들다는 단순한 이유에서 말이다. 즉 언론의 자유라는 문제에서 한 국 사회를 그 자유가 없는 북한 같은 사회와 동일 부류에 놓기는 힘든 일 아니겠는가?

그러던 중 최근에 어떤 계기들이 있어서 나는 2010년 서울에서 발생한 한 유명한 사건을 반추하게 되었다. 한국인으로서 너무나도 수치스러운 사건이어서 당시에는 깊이 들여다보기가 싫었지만, 지금에 와서는 오히려 그 사건이 내포하고 있는 문제를 직시하게 되었다. 그러고는 어쩌면 한국 사회에 아주 근본적인 의미에서 언론의 자유가 없을지도 모르겠다는 생각에 이르게 되었다.

2010년 서울에서는 G20 정상회의가 개최되었다. 기자회견을 연 버락 오바마 미국 대통령은 개최국인 한국의 기자에게 우선적으로 질문권을 주었다. 오바마가 여러 차례 질문을 요청했지만 질문을 하는 한국 기자는 아무도 없었다. 결국 최초 질문권은 아시아를 대표해서 질문하겠다고 나선 중국 기자에게 넘어갔다.

이 일을 놓고 한국인에게 왜 질문하는 것이 그토록 어려운지를 두고 의견이 분분했다. 하지만 아무도 이 사건이 언론의 자유와 관련이 있다고 생각하지는 않았다. 기자회견에서 다른 누구도 아닌 기자가 질문을 하지 못했다. 어떤 무능한 한 한국 기자가 질문을 하지 못한 것이 아니었다. 거기에 있던 모든 한국 기자가 질문을 하지 못했다.

하지만 아무도 "한국 사회에는 언론의 자유가 있을까?"라는 질문을 던지지 않았다. 아마도 이 사건에서 언론의 자유 문제를 알아볼 수 있는 관점이 주어지지 않았기 때문일 것이다. 그렇기에 이 질문을 던져야 할 이유가 없었을 것이다. 나는 이제 여기서 이 지연된 질문을 찾아―그 관점과 이유를 보태어―꺼내 놓으려고 한다.

언론
―

"한국 사회에는 언론의 자유가 있을까?"라는 물음에 답하기 위해서는 우선 언론의 자유가 무엇인지를 이해하고 있어야 한다. 사실 언론의 자유를 어떻게 이해하느냐에 따라서 이 물음에 대한 답은 달라질 수 있다.

언론의 자유를 A로 이해하는 사람이 있다고 해 보자. A는 한국 사회에 존재한다. 그렇다면 언론의 자유를 A로 이해하는 사람은 한국 사회에 언론의 자유가 있다고 볼 것이다. 이제 A가 아니라

B를 언론의 자유로 이해하는 사람이 있다고 해 보자. 그런데 B는 한국 사회에 존재하지 않는다. 그렇다면 언론의 자유를 B로 이해하는 사람은 한국 사회에 언론의 자유가 없다고 볼 것이다.

언론의 자유를 이해하기 위해서는 다시금 언론과 자유가 각각 무엇인지를 이해해야 한다. 언론자유는 언론과 자유의 결합이므로, 이 둘을 어떻게 이해하느냐에 따라서 언론자유를 이해하는 방식도 달라질 수밖에 없다.

프랑스어로 언론의 자유는 liberté de la presse다. presse는 출판, 보도, 언론, 정기간행물 등을 뜻하는 단어다. 이 프랑스어 표현은 한국인이 언론과 언론의 자유를 이해하는 방식에 부합한다. 우리는 가령 신문이나 방송에 외압이 가해질 때 언론의 자유가 침해되었다고 본다. 여기서 언론이란 말은 언론기관을 뜻한다.

하지만 영어의 경우 좀 다르다. 영어로 언론의 자유는 freedom of speech다. speech는 '말'을 뜻한다. 독일어로는 Redefreiheit인데, Rede 역시 말을 뜻한다. speech나 Rede에는 '연설'이라는 뜻도 있다. 그런데 연설도 역시 말로 하는 것이다. 따라서 영어나 독일어에서 언론의 자유는 '말의 자유'를 뜻한다. 영어에는 free speech라는 표현이 있는데, 이 또한 '언론의 자유'로 번역된다.

이 표현은 문자 그대로 '자유로운 말' 또는 '자유로운 연설'이라는 뜻이다. 영어나 독일어에서 언론의 자유가 있다는 말은 자유롭게 말할 수 있다는 뜻이다.

언론의 자유 A = 출판과 보도의 자유
언론의 자유 B = 말의 자유

말로 자기 의견을 표현하는 일은 신문이나 방송을 위해 기사를 쓰거나 출판을 위해 글을 쓰는 일과는 사뭇 다르다. 기사나 글을 쓸 때도 물론 독자나 시청자를 염두에는 두겠지만 그들과 직접 대면하는 건 아니다. 글을 쓰는 사람은 홀로 작업한다. 하지만 말은 그렇지 않다. 우리는 사람들이 보고 있고 듣고 있는 앞에서 말을 한다. 혼잣말이라는 것이 있기는 하지만, 언론의 자유(B)가 혼잣말을 뜻할 리는 없다.

2010년의 오바마 대통령 기자회견장은 글이 오가는 장소가 아니라 말이 오가는 장소였다. 그곳에는 오바마 대통령도 있었고 중국 기자 루이청강을 비롯해 다른 나라 기자들도 있었다. 그런데 그 장소에서 한국 기자들은 오바마에게 질문을 하지 못했다. 질문을 금지당했던 것일까? 그렇지 않았다. 오바마는 한국 기자에게 우선권을 주었다. 하지만 한국 기자들은 자유롭게 말할 수 없었다. 언론의 자유가 있다는 말은 자유롭게 말할 수 있다는 말이다. 그렇다면 그들에게는 언론의 자유가 있었던 것일까 없었던 것일까?

　언론의 자유를 언론의 자유 A로 이해할 경우, 즉 출판이나 보도의 자유로 이해할 경우 이 기자회견에서 언론의 자유 문제가 있었다는 것을 인지하기는 힘들다. 좀 슬프기는 하지만, 기자회견에서 어떤 일이 벌어졌는지를 우리가 잘 알고 있다는 사실은 언론의 자유(A)가 침해되지 않았음을 입증해 준다. 하지만 언론의 자유를 B로 이해할 경우, 즉 말의 자유로 이해할 경우 그림은 전혀 달라진다. 한국 기자들은 자유롭게 말할 수 없었다. 그렇다면 언론의 자유가 있었던 것일까 없었던 것일까? 자유롭게 말하지 못했으므로, 언론의 자유(B)가 없었던 것 아닐까? 그렇다면 이제 이 '자유'란 무엇인가?

자유

—

　언론의 자유 A = 출판과 보도의 자유

언론의 자유 B = 말의 자유

A와 B의 차이는 자유 부분에서 오는 게 아니라 '언론' 부분에서 오는 것 같다. 즉 언론을 '출판과 보도'로 볼 것인지 아니면 '말'로 볼 것인지에 따라 차이가 생기는 것 같다. 하지만 과연 그게 전부일까?

자유가 없는 상태는 무언가를 못하는 상태다. 그런데 무언가를 하지 못하는 이유에는 두 가지가 있을 수 있다. 하나는 금지다. 어떤 일을 하지 못하게 금지당할 경우 우리는 자유가 없다고 말한다. 하지만 금지가 없어도 못하는 경우가 있다. 가령 운전을 배우지 못한 사람은 운전을 하라고 해도 하지 못한다. 수영을 배우지 못한 사람은 수영을 하라고 해도 하지 못한다. 운전을 못하는 사람은 운전대를 잡은 도로에서 자유롭지 않다. 수영을 못하는 사람은 물속에서 자유롭지 않다.

금지가 없는 상태로서의 소극적인 자유를 이제 자유 A라고 부르고, 할 수 있는 능력의 획득에서 오는 적극적인 자유를 자유 B라고 부르기로 하자.

말의 경우는 어떨까? 아이들은 아주 일찍부터 말을 배운다. 운전을 못하거나 수영을 못하는 사람은 많아도 말을 못하는 사람은 거의 없다. 따라서 말의 경우 말을 하지 못하도록 금지를 당해서 자유가 없는 경우는 있겠지만, 말을 할 줄 몰라서 자유가 없는 경우는 없을 것이다.

하지만 이렇게 질문해 보자. 언론의 자유란 사적인 자유일까 공적인 자유일까? 민주주의를 지탱함에 있어 핵심적인 역할을 하는 언론의 자유는 명백히 공적인 자유를 가리킨다. 헌법 제21조 1항에 따르면 "모든 국민은 언론의 자유를 가진다." 그런데 이 말은 사적인 공간이 아니라 공적인 공간에서 자유롭게 의견을 표출할 수 있다는 말이다.

사적인 공간인 가족 안에서 아이의 말을 부모가 막거나 부모의 말을 아이가 막을 때, 우리는 언론의 자유가 침해당했다고 보지 않는다. 사적인 연인관계에서도 마찬가지다. 친밀한 연인들끼리는 듣기 싫은 말을 하는 상대방의 입을 얼마든지 자기 손으로 틀어막을 수 있으며, 그러면서도 여전히 싸우거나 즐거울 수 있다. 이때 언론의 자유는 조금도 침해되지 않는다.

언론의 자유는 공적인 자리에서 문제가 된다. 가령 공적인 일로 사람들이 모이는 광장이나 토론회나 공청회나 기자회견장 같은 곳에서 말이다. 가족은 물론 사적인 관계이지만, 가령 가족회의가 공식적으로 열릴 경우 그 자리는 공적인 토론의 자리가 된다. 그래서 가족회의를 열어 놓고서 자식이 하는 말을 부모가 막는다면 그 자식은 언론의 자유가 침해되었다고 느낄 것이다.

그런데 공적인 공간에서 언론의 자유(B)가 실현되기 위해서는 첫째, 사람들이 하는 말이 금지되지 말아야 하며(자유 A), 둘째, 사람들 앞에서 자신의 생각을 자유롭게 말할 수 있는 능력이 있어야 한다(자유 B).

언론의 자유 B는 말의 자유를 뜻한다. 그런데 인간은 아주 어릴 때 말을 익힌다. 따라서 말의 자유에서 자유 B는 언제나 이미 주어진 것으로 보아야 하고 이제 다만 자유 A만 신경 쓰면 되는 것일까? 2010년의 오바마 기자회견은 그게 그렇지 않다는 것을 보여 주었다. 그곳에 있었던 한국 기자들은 말의 자유에서 자유 B를 언제나 이미 주어진 것으로 볼 수만은 없다는 것을 입증해 주었다.

토론 문화

—

사람들이 여럿 있는 공적인 공간에서 자기 생각을 조리 있게 전개하여 어떤 의견을 반박하거나 자신의 의견으로 사람들을 설득하는 일은 결코 쉬운 일이 아니다. 함께 토론에 참여하는 사람들은 나와 무관한 사람들이 아닐 것이다. 그들은 나와 같은 공동체에 살고 있으며 같은 문제를 공유하고 있는 가깝거나 먼 이웃들이다. 공론의 장은 나를 포함하여 바로 그러한 사람들, 즉 오늘날 '시민'이라고 불리는 평등한 주체들이 모여서 공통의 문제를 토론하고 해결해 가는 장이다.

자유민주주의 국가들은 아이들을 시민으로 키워 낼 책임이 있다. 시민 교육의 핵심에는 'free speech'의 능력, 즉 평등한 관계에 있는 또래들 앞에서 자신의 의견을 자유롭게 말할 수 있는 능력이 포함된다. 아이들은 다른 아이들이 내 말에 설득을 당하는 체험도 할 것이고 다른 아이의 말에 자신이 설득을 당하는 경험도 할 것이다. 나의 반박에 상대방이 동의하는 통쾌한 경험도 할 것이고, 상대방의 재반박에 내가 동의하지 않을 수 없는 뼈아픈 경험도 할 것이다. 그리고 그러한 경험을 통해서 공적인 자리에서 그 자리에 합당한 방식으로, 즉 공적인 방식으로 말을 하고 또 듣는 능력을 키울 것이다. 그리고 그런 아이들은 나중에 자라나서 꼭 기자가 되지 않더라도 기회가 주어지고 질문할 게 있다면 오바마 대통령에게도 얼마든지 핵심 있는 질문을 조리 있게 할 것이다.

이러한 시민들이 없는 나라에도 언론의 자유(B)가 있을까? 슬프게도 오바마 앞에서 질문하지 못한 한국 기자들의 모습은 우리에게 낯선 모습이 아니다. 예나 지금이나 한국 사회에는 공적인 토론 문화라는 것이 발달되어 있지 않다. 민주주의가 제도적으로 정착된 오늘날에도 제대로 된 토론 문화를 찾아보기는 힘들다. 그런데 지금까지의 논의에 비추어 볼 때, 토론 문화가 없다는 말은 곧 언론의 자유(B)가 없다는 말이나 마찬가지다.

한국인들은 교사와 열띤 자유토론을 해 본 경험도 없을 뿐 아니라 또래 급우들과 공적인 토론을 하거나 급우들 앞에서 자유롭게 연설을 해 본 경험도 거의 없다. 대학 입시를 위한 준비로, 생활기록부에 적어 넣을 경력 하나를 위해, 외부의 기관이나 단체에서 인위적으로 구성한 토론 프로그램에 참가하는 경우는 있을 것이다. 하지만 그곳에 참가하는 학생들은 같은 학교에서 생활하는 친구들이 아니며, 공통의 문제를 해결해야 할 이웃도 아니다. 그러한 프로그램에 참석하면 토론의 기술은 배울 수 있겠지만, 이웃과 더불어 생활하면서 공동체의 문제를 자신의 문제로 떠맡는 시민으로서 성장할 수 없으며, 또래들 속에서 정치적 자유를 획득할 수도 없다.

존비어

—

공적인 토론 문화가 발달되어 있지 않은 나라는 지구상에서 손을 꼽을 수 있을 정도다. 최봉영은 동아시아의 두 나라인 한국과 일본을 꼽는다. 서양은—그리고 우리와 비슷할 것이라는 우리만의 선입견과는 달리 중국은—토론 문화가, 즉 언론의 자유 B가 잘 발달되어 있다. 반면에 대부분의 한국인은 자유로운 토론의 장이 주어져도 말을 잘 하지 못한다. 왜일까? 토론은 말로 하는 것이라고 할 때, 최봉영은 한국말과 일본말에는 있지만 중국말에는 없는 어떤 것에서 그 이유를 찾는다. 즉 존비어체계.[44]

서양과 마찬가지로 중국에는 존비어체계가 없다. 말하자면 나이의 많고 적음이나 지위가 높고 낮음에 상관없이 서로 동등한 말을 사용한다. 반말과 존댓말의 구분이 처음부터 없는 것이다. 그렇기 때문에 토론을 할 때 언어로 인해 생기는 상하의 심리적 부담감이 없으며, 언로가 막히지 않고 평등하다. 하지만 한국인

---

44 최봉영은 국어학자들이 경어법이나 대우법 등으로 부르는 것을 '존비어체계'라고 부르며 그 이유를 이렇게 설명한다. "이들은 존비어체계가 '한쪽을 높이는 동시에 한쪽을 낮추는 차별적 어법'임에도 불구하고, '한쪽을 높이기 위한 어법'으로 규정하고, 존비어체계를 대우법, 경어법, 존경법과 같은 이름으로 불렀다."(최봉영,《한국 사회의 차별과 억압: 존비어체계와 형식적 권위주의》, 지식산업사, 2005, 147쪽).

이나 일본인이 "존비어체계 속에서 자유롭게 토론하는 것은 불가능하다. 왜냐하면 자유로운 토론이 이루어지기 위해서는 기본적으로 생각과 소통이 수평적인 방식으로 이루어져야 하는데, 그렇지 못하기 때문이다."[45]

토론 문화 결핍의 원인을 다만 언어체계로 돌리는 것은 무리한 주장처럼 보일 수도 있을 것이다. 하지만 한국이나 일본과 마찬가지로 유교의 수직적인 윤리규범이 발달된 중국에서는 왜 토론 문화가 발달되어 있는지를 달리 설명하기도 힘들다.

어떤 집단 안에 자유로운 토론 문화가 없다는 말은 무슨 뜻일까? 그 집단에서는 내부 비판이 이루어지지 않는다는 뜻이다. 그런데 "내부 비판이 전혀 이루어지지 않는 상황에서 갖가지 비리들이 저질러지면, 정론과 직필의 책임은 오로지 언론에 맡겨진다. 이런 까닭에 국민들은 언론을 국가와 민족의 수호자처럼 생각하게 되어, 자연히 언론의 역할이 과다하게 부풀려지게 된다."[46]

최봉영의 이 말에서 우리는 언론의 자유 A와 B의 한 가지 관계

---

45 같은 책, 92쪽. 나는 민주주의 사회에서 존비어체계가 갖는 폐해에 대한 최봉영의 설득력 있는 주장들을 여기서 상세하게 소개하거나 논할 수는 없다.
46 같은 책, 101쪽.

를 발견한다. 내부 비판이 이루어지지 않는다는 말은 언론의 자유 B가 없다는 말이다. 또한 "언론의 역할"이 부풀려지게 된다는 말은—여기서 '언론'은 분명 언론기관을 가리키므로—언론의 자유 A가 부풀려지게 된다는 말이다. 토론 문화나 내부 비판이 없는 사회는 말의 자유(언론의 자유 B)가 없는 사회이며, 그런 사회가 부패하면 출판과 보도의 역할과 자유(언론의 자유 A)가 부풀려지게 된다. 그런데 그런 사회는 오늘날 바로 한국과 같은 사회를 가리킨다.

우리의 질문은 다음과 같았다. "한국 사회에는 언론의 자유가 있을까?" 이제 이에 대한 분명한 답은 이렇다. (언론의 자유가 말의 자유를 뜻할 때) "없다." 과거에도 없었으며, 현재에도 없으며, 미래에도 없을 것이다. 말하는 방식이 바뀌지 않는 한 말이다.

정치적 행복

—

존비어체계가 없다는 말은 나이와 상관없이 친구나 동료가 될 수 있다는 말이다. 존비어체계가 있는 희귀한 언어를 사용하는 한국인이나 일본인은 상대방에게 어떤 말투를 써야 할지를 결정해야 하기에, 한 살 차이라도 나이를 따지며, 선후배를 따지며, 위아래를 따진다. 이런 사회에서 우정의 공간은 아주 협소한 사적인 관계 이상으로 확장될 수 없으며, 공적인 자원으로 이용될 수 없다.

서양의 문화는 언론의 자유 B가 발달된 문화다. 알다시피 프랑스혁명의 정신은 자유, 평등, 우애다. 이때 우애=형제애는 생물학적 형제애를 가리키는 게 아니다. 사회적 형제애를 말하는 것이다. 서양인들은 평등한 형제들의 우애를 사회적으로 확장하여 정치적인 자원으로 이용한다. 그들은 공적인 공간에서 타인을 선배나 후배로 대하지 않으며 평등한 형제로 대한다. 그런데 그렇게 할 수 있는 것은 물론 어렸을 때부터 그렇게 교육을 받기 때문이기도 하지만, 언어에 존비어체계가 처음부터 없기 때문이기도 하다. 반면에 "한국인은 존비어체계에 바탕을 둔 언어생활을 함으로써 성장의 과정에 자연스럽게 수직적 질서를 중심으로 세상을 바라보게 된다. 한국인에게 존비어체계는 차별과 억압의 문화를 가르치는 일종의 잠재적 교육과정과 같다."[47]

한국인들은 사람들 속에서 자유를 느끼지 못한다. 지위가 높다고 해서 더 자유로운 것도 아니다. 온 나라를 떠들썩하게 만들었

47 같은 책, 129-130쪽.

던 대한항공의 '땅콩 회항' 사건을 보면 회사의 높은 직위에 있는 조현아가 사람들 속에서 자유를 느끼지 못한 채 성마르며, 타인들과 평등한 인간관계를 맺는 능력이 결핍되어 있다는 것을 알수 있다. 그리하여 한국인들은 홀로 있을 때나 아주 협소한 친밀 관계에서만 자유를 느낀다. 하지만 홀로 있을 때 느끼는 자유가 과연 자유일까?

물속에서 자유를 획득하는 능력을 우리는 수영이라고 부른다. 그렇다면 평등한 타인들과의 관계에서 자유를 획득하는 능력을 무엇으로 부를 수 있을까? 그것은 바로 타인을 설득할 수 있는 말의 힘이다. 다시 말해서 말의 자유(=언론의 자유 B)란 홀로 있으면서 느끼는 자유를 말하는 게 아니라 타인들과 함께 있으면서 누리는 자유다.

우정의 사상가 한나 아렌트는 이렇게 말한다. "그리스인들은 또래들 속에서가 아니라면 아무도 자유로울 수 없다고 생각했다."[48] 고대의 그리스인들은 광장에서 정치적인 토론을 즐겼던 사람들이다. 아렌트는 평등한 타인들과의 토론과 교제에서 오는 행복을 "정치적 행복"이라고 부른다.[49] 그렇다면 한국인들은 매우

48 한나 아렌트, 《혁명론》, 홍원표 옮김, 한길사, 2004, 99쪽. 번역 수정.
49 같은 책, 〈3장〉을 볼 것.

중요한 언론의 자유가 없을 뿐 아니라 인간의 사회적 삶에서 매우 중요한 행복 또한 누리지 못하고 있는 것이다.

존비어체계가 단단히 지탱해 주는 수직적 인간관계 속에도 따뜻한 온정은 깃들 수 있다. 하지만 그곳에서 정치적 자유와 행복은 결코 꽃피지 않을 것이다.

7장

왜 담배 이름은 서양어인가

영화의 향유 대상

—

극장에 가서 영화를 보는 것은 우리에게 자연스러운 행위다. 불이 꺼지고 영사기가 돌아가면 우린 몰입을 한다. 우리의 몰입에 곧 실망을 안기는 영화도 있지만, 여하간 우선은 몰입을 한다. 팝콘을 먹고 콜라도 마셔야 하지만, 큰 장애물은 아니다. 오히려 극장에서 영화를 보는 일에는 빠질 수 없는 작은 절차다. 이렇게 세상의 불이 꺼진 곳에서 영화를 보면서 우리는 무엇을 즐기는 것일까?

가령 공포영화를 보면서 우리는 공포를 즐긴다. 공포를 즐긴다는 말이 좀 이상하기는 해도 확실히 현대인들은 공포를 즐긴다. 경기도 과천에 있는 서울랜드에는 블랙홀 2000이라는 놀이기구가 있다. 이 롤러코스터를 타고 사람들은 짜릿한 스릴을 향유한다. 나는 지금까지 딱 두 번 타 보았는데, 처음 탔을 때 '즐기다'는 타동사의 목적어 자리에 '스릴'이 올 수 있다는 걸 아주 잘 이해하게 되었다. 지금보다는 훨씬 더 젊었을 때였지만 말이다.

놀이공원에서만 스릴을 즐길 수 있는 건 아니다. 극장에서도 즐길 수 있다. 가령 우리는 〈더 테러 라이브〉 같은 스릴러물을 보면서 스릴을 즐긴다. 놀이공원이 즐기는 곳이듯 극장도 즐기는 곳이다. 즐거움이 없다면 우리는 매표소를 반드시 거쳐야 하는 그곳으로 들어가지 않을 것이다. 매표소를 거쳐야 하는 곳은 대개 즐길 것이 있는 곳이다. 야구장이나 축구장도 그런 곳이다. 나는 부산에 사는 사람들이 야구를 열정적으로 즐긴다는 소식을 가끔 듣는다. 뉴스 화면에 나오는 열렬한 관중들의 모습을 보면서 이런 생각을 하게 된다. "혹시 그들은 야구만 즐기는 게 아니라 부산을 즐기는 게 아닐까?" 롯데 자이언츠가 부산의 자랑이라면, 그리고 롯데의 승리가 부산의 승리라면, "부산을 즐긴다"는 말이 이상할 것도 없다. 우리는 우리가 사는 곳을 증오할 수도 있지만 사랑할 수도 있고, 더 나아가 즐길 수도 있다. 오히려 그곳을 점점 더 즐기기 힘들어진다면, 점점 더 사랑하기도 힘들어질 것이다.

영화에는 스릴러만 있는 게 아니므로, 영화를 보면서 우리가 즐길 수 있는 것에는 더 많은 것이 있을 것이다. 규모가 큰 영화에서 우리는 종종 볼거리 그 자체를, 스펙터클을 즐긴다. 멋지게 구성된 드라마를 즐길 수 있는 영화도 있다. 그러한 영화가 흡족할 때 사람들은 "감동적이다"고 평가한다. 가끔은 야구나 축구도 감동적일 때가 있다. 알다시피 그럴 때 사람들은 "한 편의 드라마를 보는 것 같다"고 말한다. 이런 경우는 줄거리가 미리 정해진 것이 아니기 때문에 감동이 더 크다. 내 기억으로는 2002년 월드컵 때가 바로 그러했다.

우리가 영화를 보면서 공포라든가 스펙터클이라든가 드라마 같은 것을 즐긴다면 그건 이상하지 않다. 뜻밖에도 그런 것들을 즐기게 되는 게 아니라, 정확히 바로 그런 것들을 기대하면서 우리는 표를 구매하고 극장 안으로 들어간다.

"즐길 수 있는 것"이라는 표현을 좀더 개념 같은 것으로 만들어 보자. 학자들만 개념을 좋아하는 건 아니다. 사람들은 자신의 전문적인 직업 영역에서 개념을 사용한다. 개념을 사용하면 번거로운 의사소통이 좀더 편리해지기 때문이다. 내가 여기서 이야기를 풀어 가기 위해서는 한 가지 개념이 필요하다. 그런데 '즐긴다'는 말은 '향유한다'는 말과 같다. 그래서 앞으로는 '즐길 수 있는 것'을 '향유 대상'이라고 개념적으로도 표현하겠다. 공포나 스펙터클이나 드라마는 잘 알려진 영화의 향유 대상이다. 우리는 영화를 보면서 그러한 것들을 즐긴다. 그런데 나는 여기서 이렇듯 잘 알려진 향유 대상이 아니라 뜻밖의 향유 대상에 대해 말하려고 한다.

나는 앞에서 부산에 사는 사람들이 야구장에서 부산 그 자체를 즐기는 것 같다고 말했다. 그런데 부산에는 롯데 자이언츠만 있는 게 아니라 영화제도 있다. 아쉽게도 나는 그 영화제에 아직 한 번도 가 본 적이 없어서 사람들이 어떻게 영화제를 즐기는지 잘 알지 못한다. 하지만 롯데 자이언츠에 대해 말했던 것을 부산영화제에 적용한다고 해도 큰 무리가 있을 거라고 생각하지는 않는다. 다시 말해서 부산영화제가 열리면 분명 부산은, 부산 그 자체는 즐길 수 있는 곳이 된다. 뜻밖에도 부산은 향유 대상이 된다. 하지만 부산에 사는 사람들에게는 뜻밖의 일이 아니라 이미 잘 알고 있는 일일지도 모른다.

도시와 국가

—

나는 부산이 향유 대상이라고 말했다. 이 말을 한번 더 생각해 보자. 부산은 많은 사람이 함께 살고 있는 도시 이름이다. 따라서 부산이 향유 대상이라는 말은, 한번 더 생각해 보면, 사람들이 살고 있는 어떤 장소가 향유 대상이 될 수 있다는 말이다.

나는 오랫동안 번역 작업을 해 왔다. 그리고 지금도 하고 있다. 내가 번역한 사람 가운데에 유럽에 있는 슬로베니아라는 작은 나라의 철학자 슬라보예 지젝이라는 사람이 있다. 내가 번역한 이 철학자의 책 가운데에는 《부정적인 것과 함께 머물기》가 있다. 이 책 〈6장〉의 제목은 흥미롭게도 영어로 "Enjoy Your Nation as Yourself"다. 한국어로 옮기면 "당신의 민족을 당신 자신처럼 즐겨라"가 된다. 이 표현에서 민족은 즐길 수 있는 어떤 것이다. 즉 민족은 향유 대상이다.

민족은 많은 사람이 함께 살고 있는 장소다. 지리학적 장소가 아니라는 점에서 부산과 다르기는 하다. 하지만 종종 민족은 지리학적 장소인 국가와 일치하기도 한다. 국가는 부산보다 더 큰 규모의 장소다. 세계나 지구는 국가보다 더 큰 장소다. 하지만 우주적 관점에서 보면 인류는 지구라는 그리 크지 않은 행성에 함께 모여 살고 있다.

야구나 축구를 보면서 즐길 수 있는 것을 영화를 보면서도 즐길 수 있을까? 가령 영화를 보면서 부산을 즐길 수 있을까? 영화를 보면서 국가나 민족을 즐길 수 있을까? 2002년에 거리에서건 학교에서건 식당에서건 직장에서건 술집에서건 사람들이 함께 모여서 "대한민국"을 외쳤을 때 분명 사람들은 축구를 보면서 국가를 즐겼다. 그때 국가는 일순간 향유 대상이 되었다. 사람들은 그 순간이, 즉 국가가 향유 대상이 될 수 있다는 것을 발견한 순간이 기뻤다. 종종 그런 순간이 오면 파시즘 같은 불길한 것이 떠오를 수도 있겠지만, 적어도 그때는 그렇지 않았다. 그런데 영화를 보면서도 이와 같은 일이 발생할 수 있을까?

물론 영화들도 영화제에서 서로 경쟁을 한다. 하지만 영화제가 국가 대항전 같은 것일 수는 없다. 물론 임권택 감독이나 박찬욱 감독이 유럽의 세계적인 영화제에서 수상을 했다는 소식이 들리면 우리는 민족이나 국가를 아주 약간 향유할 수 있게 된다. 하지만 그것은 월드컵과는 질적으로도 양적으로도 다른 것이다.

그렇다면 둘 중 하나다. 영화를 보면서는 국가 같은 것을 즐길 수 없거나, 아니면 즐길 수는 있지만 스포츠와는 다른 방식으로 즐기거나. 나는 영화를 보면서 스포츠와는 다른 방식으로 도시나 국가 같은 것을 즐길 수 있다고 생각하는 편이다.

가령 외국 여행을 한번도 경험한 적이 없는 여러분의 어떤 친구가 프랑스 파리로 여행을 가고 싶어 한다면 그건 그렇게 놀라운 일이 아닐 것이다. 많은 사람이 파리를 낭만의 도시라고 생각한다. 파리로 여행을 간 그 친구가 여행 중에 여러분에게 여행담을 쓴 편지를 보낸다. 그리고 편지 말미에 "난 지금 파리를 즐기고 있어"라고 쓸지도 모른다. 하지만 그 친구는 파리에 직접 가보기 전에 한국에서 파리를 즐겼을 것이다. 가령 우디 앨런의 〈미드나잇 인 파리〉 같은 영화를 보면서 말이다. 아니면 애당초 왜 파리에 가고 싶었겠는가? 물론 파리가 배경인 소설을 통해서도 파리를 즐길 수 있다. 소설의 주제가 파리는 아니겠지만, 소설이 흥미롭고 감동적이면 파리도 자연스럽게 우리의 욕망을 끌어당기는 도시가 된다.

문명

—

지금까지 이야기한 것을 정리해 보자. 우리는 영화를 보면서 많은 것을 향유할 수 있다. 영화를 보면서 우리는 공포나 스펙터클이나 드라마를 향유할 수 있다. 하지만 영화를 보면서 또한 우리는 도시나 민족이나 국가를 향유할 수 있다.

사람들은 종종 국가의 군사력을 보면서 국가를 향유할 수 있다. 박근혜가 대통령으로 당선이 되고 얼마 있지 않아서 국군의 날 행사가 성대하게 있었다. 군인들이 거리를 행진했고, 첨단 무기들이 공개되었다. 많은 사람이 그 광경을 보기 위해 거리로 나갔다. 군사력은 사람들이 국가를 향유할 수 있게 해 주는 전통적이면서도 여전히 유력한 수단이다.

하지만 어떤 국가를 향유할 수 있는 수단이 오로지 군사력뿐이라면 그 국가를 정상적인 국가라고 부르기는 힘들 것이다. 또한 어떤 개인이 오로지 국가의 군사력만으로 국가를 향유할 수 있다면 그 사람은 풍요로운 삶을 산다고 볼 수 없을 것이다. 풍요로운 삶을 위해서는 군사적 수단만이 아니라 문화적 수단도 있어야 한다. 가령 학문이나 예술이 꽃을 피울 수 있어야 한다. 가령 사람들이 교류를 하고 사랑을 하고 일상을 즐기는 방식에 세련된 형식이나 예절이 있어야 한다.

영화를 비평하는 사람들은 비판적인 것을 좋아한다. 그렇기에 영화가 도시나 민족이나 국가를 향유할 수 있게 해 주는가에는 별다른 관심을 갖지 않는다. 오히려 그런 이야기를 하는 사람을 의심할 것이다. 그리고 만약 그런 영화가 있다면 다만 도시나 국가를 홍보하는 영화 정도로 생각할 것이다. 하지만 물론 〈미드나잇 인 파리〉라는 영화는, 파리를 진실로 홍보하고 있음에도 불구하고, 파리를 홍보하는 영화로 제작된 것이 아니다.

내가 왜 영화를 통해 도시나 국가를 향유하는 문제를 지금 여기서 다루고 있는지 궁금한 독자들이 없지 않을 것이다. 사실 내가 이런 이야기를 하는 것은 민족이나 국가를 이야기하기 위해서가 아니다. 그것들도 한 사람의 욕망을 담아내기에 크다고 한다면 큰 것이겠지만, 나는 그보다 더 큰 것을 이야기하고 싶다. 다시 말해서, 내가 이야기하고 싶은 것은 도시나 국가가 아니라 문명이다.

왜냐하면 우리는 영화를 보면서 도시나 국가를 즐길 수는 있지만 문명을 즐길 수는 없기 때문이다. 유럽인들은 영화를 통해서 종종 유럽을 향유한다. 그리스 신화를 주제로 하는 영화를 관람하면서 유럽의 유산을 향유한다는 것만이 아니다.

가령 〈피아니스트〉라는 영화가 있다. 로만 폴란스키 감독이 만든 이 영화는 유대인 학살이라는 유럽의 가장 수치스러운 역사를 배경으로 하고 있다. 하지만 이런 영화에서도 유럽인들은 유럽을 향유할 수 있다.

영화의 주인공은 유대계 피아니스트 스필만이다. 그는 폭격으로 폐허가 된 건물을 은신처로 삼아 생존을 유지한다. 하지만 우연히 순찰을 돌던 독일 장교에게 발각되고 만다. 스필만이 피아니스트라는 사실을 알게 된 독일 장교는 연주를 해 보라고 시킨다. 스필만은 쇼팽을 연주하고 장교는 그를 살려 준다. 폴란드의 유대인 스필만과 독일 장교는 그 순간 무엇을 공유한 것일까? 다만 아름다운 음악만을 공유한 것일까? 그렇지 않다. 교양이 있었던 독일 장교는 쇼팽을 유럽 문명의 유산으로 향유할 수 있는 사람이었다. 스필만은 쇼팽을 연주함으로써 독일 장교에게 같은 인간임을 각성시키기 이전에 같은 유럽인임을 각성시켰다. 그리고 유럽인에게 유럽은 곧 문명을 뜻한다. 교양 있는 독일 장교의 생각에, 뛰어난 쇼팽 연주자를 죽인다는 것은 곧 문명으로서의 유럽을 죽이는 것이다.

한국인들은 이 영화를 보면서 이 사실을 깨닫기가 쉽지 않을 것이다. 하지만 유럽인들은 이 영화를 보면서 이 사실을 즉각 이해한다. 고대 그리스의 신화나 플라톤의 철학과 마찬가지로 쇼팽은 유럽 문명의 일부다. 우리가 쇼팽 연주를 들으면서 음악과 예술을 향유하는 곳에서 유럽인들은 한 가지를 더 향유한다. 즉 그들은 유럽 문명을 향유한다.

동아시아

—

우리는 유럽 문명에 속하지 않으며 동아시아 문명에 속한다. 비록 동아시아를 구성하는 중국과 한국과 일본이 그다지 사이가 좋지는 않지만 말이다. 유럽과는 달리 동아시아에는 하나의 문명을 형성하고 있다는 명확한 의식이 형성되어 있지 않다. 더 나아가 그러한 의식을 지탱해 주는 문화적 자원도 그다지 풍부하지 않다. 알다시피 제국주의 시기를 거치면서 동아시아의 문명적 역사는 이처럼 분열되었다.

중국에는 '요순시대'라고 하는 것이 있다. 이상적인 정치가 이루어진 태평성세를 가리키는 말이다. 오늘날 우리는 이것을 오로지 중국의 것으로 생각하겠지만 예전에는 오히려 동아시아 문명에 속하는 것이었다. 마치 고대 그리스가 오늘날 그리스 국가에 속하는 것이 아니라 유럽 문명에 속하듯이 말이다.

이를 보여 주는 알기 쉬운 사례는 바로 '이순신'이라는 이름이다. 이 이름은 '순임금의 신하'라는 뜻이다. 이순신의 형은 요신이다. 물론 '요임금의 신하'라는 뜻이다. UCLA 한국학센터 연구원 이병한은 이를 사대주의의 발로로 보지 않는다. 오히려 요순으로 상징되는 태평성세에 복무하겠다고 하는 보편 문명에 대한 공속감의 표현으로 본다. 그렇기에 그는 충무공을 조선을 지켜낸 군사 영웅으로만 보지 않고 동아시아 문명의 가치를 수호한 문화 영웅으로 본다.[50] 나는 이병한의 의견에 동의하는 편이다.

그런데 조선 시대에도 영화감독이라는 직업이 있었다고 가정해 보자. 그렇다면 분명 조선에서 제작된 영화 가운데는 요순시대를 다룬 영화가 있었을 것이다. 요순시대는 중국의 국가적 문화 자원이 아니라 동아시아의 문명적 문화 자원이었으므로, 조선의 배우가 요임금과 순임금을 연기하는 영화가 제작되었을 것이다.

하지만 오늘날에는 그런 일이 일어나지 않는다. 오늘날 중국의 역사는 오로지 중국의 역사일 뿐이고 한국의 역사는 오로지 한국의 역사일 뿐이다. 또한 일본의 역사는 일본의 역사일 뿐이다. 그래서 우리는 문명을 향유하기가 쉽지 않다.

그런데 현대를 배경으로 하는 영화 중에 동아시아를 향유할 수 있는 영화가 혹시 있을까? 내가 본 영화 중에는 없었다. 어쩌면 아직은 동아시아라는 문명권을 놓고 동아시아가 공유할 수 있는 문화적 성취를 이야기할 수 있는 때가 아닐지도 모른다.

---

50 이병한, 〈한국, '중국의 멘토'로 세계를 호령하자!〉, 프레시안, 2013년 4월 29일. www.pressian.com/news/article.html?no=68845

2010년에 후메이 감독의 〈공자〉라는 영화가 개봉되었다. 잘 만든 영화는 아니었다. 공자는 중국의 인물이므로 이 영화의 실패를 놓고 상관할 것 없다고 생각할 수도 있을 것이다. 하지만 공자는 중국의 인물이기도 하지만 동아시아의 인물이기도 하다. 오늘날에도 그의 영향은 나쁜 의미에서건 좋은 의미에서건 우리 삶의 곳곳에 여전히 남아 있다. 따라서 동아시아가 온전한 하나의 문명이라면 중국의 감독이 아니라 한국의 감독이 좀더 나은 〈공자〉 영화를 만들어야겠다고 결심하는 것이 이상하지는 않을 것이다. 역시 오늘날 그러한 결심은 자연스러워 보이지 않겠지만, 그래도 나는 그러한 시도가 더 많아지기를 바란다. 그러한 시도를 하는 감독은 분명 영화를 제작하는 과정에서 동아시아를 배우고 익히게 될 것이다. 그리고 관객들은 그 영화를 보면서 동아시아를 향유하게 될 것이다.

문명과 보편성

—

우리는 영화를 보면서 문명을 향유할 수 있다. 하지만 그 문명이 동아시아일 때 그런 일은 잘 발생하지 않는다. 하지만 방금 말했듯이 나는 바로 여기에 영화가 할 일이 있다고 생각하는 편이다.

하지만 이제 마지막으로 이렇게 질문할 수 있다. 도대체 문명을 향유하는 것이 왜 그토록 중요한가? 문명을 향유할 수 없다는 말은 곧 보편성을 향유할 수 없다는 말이다. 그렇다면 보편성을 향유할 수 없다는 말은 무슨 뜻일까?

예전에 나는 운전을 하면서 〈왕상한의 세계는 우리는〉이라는 라디오 방송을 듣고 있었다. 태풍 다나스가 오기 직전이라 기상전문가가 나와 진행자와 태풍에 대한 이야기를 나누고 있었다. 다나스는 필리핀에서 작명한 것으로 '경험'을 뜻한다. 진행자인 왕상한 교수는 기상전문가에게 이러한 이름이 우리에게는 생소하다고 말했고 기상전문가는 이에 동의하면서 그 이름이 좀 "형이상학적"이라고 말했다. 알다시피 한국에서 제출한 태풍 이름은 메기나 나비나 장미 같은 동식물 이름이다.

'경험'이라는 말은 보편적인 말이고 거기에 형이상학적일 거라고는 전혀 없다. 그렇기에 나는 이 라디오 대화를 들으면서 한국인들은 보편성을 향유하는 데 무언가 어려움을 느낀다는 생각이 들었다.

또 다른 사례를 들어 보자. 담배 이름은 종종 보편적이고 철학적이다. 가령 '디스'라는 이름은 '이것'을 뜻한다. '에세'라는 이름은 '존재'를 뜻한다. '레종'은 '이성'이나 '이유'를 뜻한다. 담배 이름은 이처럼 종종 보편적이고 철학적이지만, 한국어가 아니라 서양어다. 우리는 서양에 의존하지 않고서는 보편성을 향유할 수 없는데, 뜻밖에도 담배 이름이 이를 잘 보여 주고 있다.

이제 한 가지 중요한 명제를 독자들에게 제시하려고 한다. 금방 이해가 가지 않을 수도 있는 명제를. 또한 논쟁을 불러일으킬 수도 있는 명제를. 하지만 독자들이 마음속에 계속 품고 있었으면 하는 명제를.

• 문명이 없으면 보편성을 향유할 수 없다.

다시 말해서 문명은 보편성을 향유하기 위한 지지대다. 나의 부모 세대는 자식들이 정상적인 국가에서 살기를 원했고 이를 위해 노력했다. 나는 다음 세대가 정상적인 문명에서 살기를 바라며, 보편성을 향유할 수 있기를 바란다. 다시 말해서 우물 안 개구리로 살지 않기를 바란다.

프랑스의 철학자 메를로-퐁티는 문화라는 행위를 통해서 보편적인 삶이 탄생한다고 말했다. 나는 이 말이 문화를 만드는 사람들에게 어떤 문명적 의무를 부과한다고 생각한다.

8장

배우고 배우고
또 배워야 할 이유가 있는가

문화의 힘

—

누구에게나 꿈꾸는 세계가 있을 것이다. 당장은 실현하기 어렵겠지만 언젠가는 실현되었으면 하는 세계. 일본의 철학자 가라타니 고진은 인류가 나아가야 할 이상적 상태를 전쟁이 사라지고 영구평화가 실현되는 "세계공화국"이라고 부른다. 그것이 바로 그가 꿈꾸는 세상이다.

그는 이 세계공화국을 형성하고 지탱하는 힘으로 군사적인 힘도 화폐의 힘도 아닌 제3의 힘을 지목한다. 증여의 힘. 그는 증여의 힘이 군사력이나 경제력보다 더 강한 힘이라고 말한다.[51] 상부

51 가라타니 고진, 《세계사의 구조》, 조영일 옮김, 도서출판 b, 2012, 10-11, 66, 431쪽.

상조의 전통이 있는 우리로서는 꼭 이해하지 못할 말도 아니다. 받으면 언젠가는 갚아야 하는 것이고, 이것이 강력한 유대 관계를 형성하는 것이다.

그가 영구평화와 세계공화국을 생각하게 된 직접적인 계기는 일본 헌법 제9조다. 이 조항은 전쟁의 영구 포기, 전력 보유 금지, 교전권 부인으로 요약된다.[52] 이러한 평화주의 조항에 힘입어 가라타니는 일본이—그리고 각 나라가—군사력을 국제연합에 증여해야 한다고 주장한다. 이것이 그가 말하는 "세계동시혁명"이다. 그는 이를 통해 영구평화가 실현되는 새로운 세계 질서가 언젠가는 가능해질 것이라고 본다. 물론 훌륭한 생각이다.

한국의 정치가이자 독립운동가였던 김구는 제3의 힘으로 증여와는 좀 다른 것을 지목했다. 우리에게도 잘 알려진 글귀에서 말이다. "우리의 부력(富力)은 우리의 생활을 풍족히 할 만하고, 우리의 강력(强力)은 남의 침략을 막을 만하면 족하다. 오직 한없이 가지고 싶은 것은 높은 문화의 힘이다."[53]

---

52 일본 헌법 9조는 다음과 같다. "1. 일본 국민은 정의와 질서를 기조로 하는 국제 평화를 성실히 희구하고, 국권의 발동인 전쟁과 무력에 의한 위협 또는 무력의 행사는 국제 분쟁을 해결하는 수단으로서는 영구히 방기한다. 2. 전 항의 목적을 달성하기 위해 육해공군 및 그 밖의 전력은 보유하지 않는다. 나라의 교전권은 인정하지 않는다."
53 김구, 《백범일지》, 돌베개, 2002, 431쪽.

김구는 문화를 명시적으로 "힘"으로 간주한다. 하지만 가라타니식으로 문화의 힘은 경제력이나 군사력보다 더 강한 힘이라고 말하지는 않는다. 오히려 이렇게 말한다.

지금 인류에게 부족한 것은 무력도 아니요, 경제력도 아니다. 자연과학의 힘은 아무리 많아도 좋으나, 인류 전체로 보면 현재의 자연과학만 가지고도 편안히 살아가기에 넉넉하다. 인류가 현재에 불행한 근본 이유는 인의(仁義)가 부족하고, 자비가 부족하고, 사랑이 부족한 때문이다. 이 마음만 발달이 되면 현재의 물질력으로 20억이다 편안히 살아갈 수 있을 것이다. 인류의 이 정신을 배양하는 것은 오직 문화이다.[54]

김구는 힘의 세기를 따지기보다는 힘의 충분과 부족을 따진다. 그렇기에 김구는 가라타니처럼 무엇을 무엇으로(가령 무력을 증여의 힘으로) 대체해야 한다는 식으로 생각하지 않고 부족한 무엇을 키워야 한다는 식으로 생각한다. 그가 보기에 부족한 것은 문화의 힘이며, 그리하여 그의 자연스러운 결론은 교육으로 향하

54 같은 곳.

게 된다. "내 나이 이제 70이 넘었으니, 직접 국민교육에 종사할
시일이 넉넉지 못하거니와, 나는 천하의 교육자와 남녀 학도들이
한번 크게 마음을 고쳐먹기를 빌지 아니할 수 없다."[55] 오늘날에
도 역시 전적으로 수긍이 가는 말이다.

관점의 차이

—

가라타니와 김구의 차이는 관점의 차이로도 생각해 볼 수 있다.
가라타니는 더 이상 전쟁이 없는 세상을 원하지만 "힘의 세기"
같은 이를테면 전쟁 용어의 관점에서 바라본다. 즉 우열을 가리
자고 하는 세기=힘의 관점에서 사태를 바라본다. 그래서 가라타
니의 경우 말하는 내용과 말하는 방식 사이에 모종의 괴리가 있
다. 이는 그가 매우 훌륭한 것을 말하고 있음에도 불구하고 어쩌
면 (세기가 절대적으로 중요한) 유년기적 관점을 버리지 못했기 때문
일 것이다.

　반면에 김구는 중용의 관점에서 사태를 바라본다. 싸움에서는

55　같은 책, 433쪽.

아마 힘의 세기가 강할수록 좋을 것이다. 그것이—무력을 통한 살육의 싸움이 아니라—증여를 통한 위세나 명예의 싸움이라고 하더라도 말이다. 하지만 중용의 관점에서는 그렇지가 않다. 그렇다면 중용의 관점이란 무엇일까?

《논어》〈선진 편〉에는 중용의 관점을 잘 보여 주는 대화가 있다. '과유불급(過猶不及)'이라는 말의 유래가 되는 공자와 자공의 대화다. 흥미롭게도 이 대화는 중용의 관점을 제시하고 있을 뿐 아니라 이를 바로 세기의 관점을 반박하는 방식으로 제시하고 있다.

자공이 물었다: "사와 상은 누가 더 나은가?" 공자가 말했다: "사는 지나치고 상은 미치지 못한다." "그러면 사가 더 나은가?" 공자가 말했다: "지나침은 미치지 못함과 같다."

종종 과유불급은 '지나친 것은 모자란 것만 못하다'는 뜻으로 곡해되곤 한다. 하지만 공자와 자공의 대화가 잘 알려 주듯이 '지나침은 미치지 못함과 같다'는 뜻이다. 즉 모자란 것 못지않게 지나친 것 역시 좋지 않다는 말이다. 중용은 정확하고 적당한 것을 요구한다.

이 대화는 자공의 반문에 공자가 다시 답하는 순서를 따르고 있다. 자공은 가라타니와 마찬가지로 크기나 세기의 관점에서 문제를 바라본다. 아이들이—하지만 어른들도 여전히—잘 그러듯이 말이다. 그것은 오늘날 만연해 있는 관점이기는 하지만, 그럼에도 아직은 미성숙한 관점이다.

그러한 미성숙한 관점을 반드시 통과하고 지양하는 순서가 누락되지 않은 상태에서 공자는 성숙한 관점, 즉 중용의 관점을 제시한다.

"문화혁명"

—

우리는 앞에서 말년의 김구가 문화에 대해 했던 생각을 잠깐 들여다보았다. 김구는 투쟁이 만연한 한국 사회에 싸움을 멈추고 문화로 나아가자고 제안한다. 이제 시간을 좀더 거슬러 올라가 김구가 걱정한 바로 그 계급투쟁 진원지였던 러시아로 가 보자. 이제 러시아혁명이 성공을 거두고 새로운 국가가 탄생한 지도 6년이 지났다.

말년에 이른 레닌은 놀랍게도 소련의 문화 결핍에 대해 한탄

하고 있다. 역시 어디에서나 투쟁의 지속은 문화의 결핍을 생각나게 하는 것일까? 레닌은 소련이 "아직 문화의 단계에 도달하지 못했다"고 단적으로 말한다.[56] 그리고 문화의 문제에서 가장 문제가 되는 것은 바로 서두름이라고 말한다. "우리는 너무 빠른 진전에 대해, 자화자찬에 대해 건전한 회의론을 피력해야만 한다."[57]

정치혁명으로 탄생한 국가에 이제 "문화혁명"이 요청되고 있었다. 하지만 어떻게? 레닌은 오랫동안 기억되고 회자될 말을 남긴다. "우리의 국가 장치를 개조하기 위해서, 우리는 그 어떤 일이 있더라도 첫째 배워야 하고, 둘째 배워야 하고, 셋째 배워야 한다."[58] 레닌은 배우고 배우고 또 배워야 한다고 말한다.

왜 이렇게 말했을까? 왜냐하면 바로 문화의 문제이기 때문이다. "나는 의도적으로 '문화'라고 말한다. 왜냐하면 이러한 문제에서 우리는 우리 문화의, 우리의 사회적 삶의, 우리 습관의 본질적 부분이 된 것만을 성취된 것으로 간주할 수 있기 때문이다."[59]

56 V. I. Lenin, "Better Fewer, but Better", in *Collected Works*, vol. 33, p. 487.
57 같은 책, p. 488.
58 같은 책, pp. 488-489.
59 같은 책, pp. 487-488.

우리는 레닌의 마지막 바람과는 달리 역사적으로 소련이 서구를 능가하는 문화적 수준에 도달하지 못했다는 것을 알고 있다. 하지만 말년의 레닌이 문제의 핵심을 잘 보고 있었다는 것 또한 인정할 수 있다. 문화의 문제는 요란하게 떠든다고, 서두른다고 되는 게 아니다.

레닌은 배움이라는 것이 사문(死文)이나 유행하는 캐치프레이즈가 되지 않도록 유념해야 한다고 경고한다. 하지만 슬프게도 레닌의 "배우고 배우고 또 배워야 한다"는 말은 그러한 캐치프레이즈가 되어 모든 학교의 담벼락을 장식했다.

담벼락만 장식한 게 아니라 이 문구와 관련된 농담도 생겨났다. 그 농담에 따르면, 마르크스와 엥겔스와 레닌은 아내가 있는 것과 정부가 있는 것 중 어느 편이 더 좋으냐는 질문을 받는다.

사적인 일에서 꽤 보수적이었던 마르크스는 "아내!"라고 답하는 반면에, 인생을 즐기며 사는 사람인 엥겔스는 정부를 선택한다. 레닌의 대답은 모두를 놀라게 한다. "난 둘 다 갖고 싶어!" 어째서? 레닌의 엄숙한 혁명가적 이미지 뒤편에 퇴폐적인 향락자의 면모가 숨어 있는 것일까? 그게 아니다. "그러면 아내에게는 정부한테 간다고 하고, 정부한테는 아내 곁에 있어야 한다고 말할 수 있을 테니까…"

"그러고 나서 뭘 하려고?" "아무도 없는 곳에 가서 배우고, 배우고, 또 배우는 거지!"[60]

이 농담을 소개하고 있는 철학자 지젝은 이를 다만 농담으로 취급하지 않는다. 그는 1914년 제1차 세계대전이라는 대재앙이 터진 후에 레닌이 바로 그렇게 했다고 말한다. "그는 스위스의 외진 곳에 은둔하여 헤겔의 《논리학》을 읽으며 '배우고, 배우고, 또 배웠다.'"[61] 지젝은 우리에게도 이를 요청한다. 섣불리 행동에 나서지 말고, 배우고 배우고 또 배울 것을.

아내도 정부도 멀리한 채, 아무도 없는 외딴 곳에 가서 배우고 배우고 또 배우는 혁명가의 모습을 생각하면 물론 어떤 절박함이 느껴진다. 레닌은 문화의 문제에서 성급함은 독이라고 올바르게 말한다. 하지만 그는 성급함의 자리에 대신 절박함을 주입한다. 문화란 그런 것일까? 문화란 기쁨이나 즐거움과는 아무런 상관도 없는 것일까? 삶에 찌든 늙은 혁명가만 남겨 놓는 그런 것일까?

60 슬라보예 지젝, 《폭력이란 무엇인가》, 이현우·김희진·정일권 옮김, 난장이, 2011년, 32쪽.
61 같은 책, 32-33쪽.

레닌이 배우고 배우고 또 배우라고 말한 이유는 두 가지다. 첫째, 문제가 되는 것이 문화이기 때문이다. 문화는 조급하게 서두른다고 획득되는 게 아니다. 하지만 그럼에도 불구하고 레닌이 배우고 배우고 또 배우라고 말하는 데는 또 다른 이유가 있다. 그것은 바로 절박함이다. 그는 서구에 비해 소련에는 아직 문화가 없다고 보며, 하지만 소련은 서구에 비해 우월한 문화를 만들어내야 한다고 본다. 그래서 저와 같은 충고를 젊은이들에게 하는 것이다.

그렇다면 레닌은 어떤 관점을 택하고 있는 것일까? 중용의 관점일까 아니면 세기의 관점일까? 내 생각에 그는 세기의 관점을 택했다. 가라타니는 세계시스템을 생각하면서 세기의 관점을 택한 것이다. 그는 군사력의 증여를 통한 "세계동시혁명"을 이야기한다. 이를 위해 그는 군사력보다 더 강한 힘을 찾았다. 그러니 그가 세기의 관점을 택한 것이 이해가 가기는 하는 것이다. 레닌은 문화의 문제가 정치적 혁명의 문제와 다르다는 것을 잘 알고 있었다. 하지만 그럼에도 불구하고 그는 여전히 세기의 관점을 택하고 있다. 힘이라는 게 필요한 만큼 있기는 있어야겠지만, 우리는 정말 힘=세기의 논리에서 벗어날 수 없는 것일까? 적어도 문화의 문제에서만큼은 말이다.

배우고 때로 익히면

—

다시 김구의 말로 돌아가 보자. "인류가 현재에 불행한 근본 이유는 인의가 부족하고 자비가 부족하고 사랑이 부족한 때문이다. 이 마음만 발달이 되면 현재의 물질력으로 20억이 다 편안히 살아갈 수 있을 것이다. 인류의 이 정신을 배양하는 것은 오직 문화이다." 김구의 소원이 성취되려면 어떤 문화의 힘이 필요할까? 배우고 배우고 또 배우는 것에서 오는 문화의 힘일까?

2015년 초 한국에서 개봉된 영화 〈위플래쉬〉는 최고의 드러머가 되려는 음대 신입생 앤드류와 최고의 음악가를 키우기 위해 가학적인 교수법을 선택한 플렛처 교수의 이야기다. 영화 제목 '위플래쉬(whiplash)'는 영화 속에서 연주되는 재즈 곡 제목인 동시에 '채찍질'을 뜻하는 말이기도 하다.

플렛처는 앤드류를 비롯한 학생들 가운데 제발 단 한 명이라도 전설적인 재즈 색소폰 연주자 찰리 파커 같은 음악가로 키우고자 한다. 가학적인 교수법이 문제가 되어 학교에서 나오게 된 플렛처는 우연히 만난 앤드류에게 찰리 파커와 그의 스승 조 존스의 이야기를 들려준다. 한 공연에서 존스는 찰리의 연주가 마음에 들지 않아 찰리에게 심벌즈를 던졌다. 조 존스의 행동으로 웃

음거리가 된 찰리는 그날 밤 잠들기 전까지 울었다. 하지만 다음 날 아침 일어나, 연습하고 연습하고 또 연습했다. 다시는 놀림을 당하지 않겠다는 일념으로 말이다. 그러고는 전설적인 음악가로 다시 태어난다.

영화에서 주인공이 결국 도달하게 된 문화의 높이에 눈이 부셔 사람들이 보고도 금방 잊어버리는 게 있다. 그것은 바로 플렛처의 제자들 사이에서 벌어지는 잔인한 경쟁이다. 그들은 서로를 조롱하고 시기한다. 김구가 말하듯이 그들은 "인의가 부족하고 자비가 부족"하다. 플렛처는 그것이 다 문화를 위해서라고 말하겠지만, 김구는 그런 것이라면 문화가 아니라고 말할 것이다.

물론 레닌이 말했듯이 문화는 습관의 문제고 삶에 배어들어야 한다. 하지만 그렇게 문화가 배어드는 과정 역시—치열한 전쟁이 아니라—삶이어야 한다. 우리는 중용의 관점을 《논어》에서 얻었다. 그런데 《논어》는 중용에 부합하는 배움의 길 또한 제시해 준다. 그 길은 레닌의 길과 절묘한 대조를 이룬다.

《논어》 제1편 〈학이〉를 시작하는 말은, 즉 《논어》를 시작하는 말은 우리에게 잘 알려져 있다. "學而時習之 不亦說乎", 즉 "배우고 때로 익히면 또한 기쁘지 않은가?"

레닌: 배우고 배우고 또 배워라.

공자: 배우고 때로 익히면 또한 기쁘지 않은가?

레닌은 배우라는 말을 세 번 반복한다. 한 번이나 두 번으로는 부족하다는 말이 아닐 것이다. 몇 번이고 배워야 한다는 말일 것이다. 그렇기에 레닌의 말에서는 서두름을 대신하는 절박함이 묻어난다. 공자의 관점에서 그것은 모자람과 다를 바 없는 지나침일 것이다. 공자는 배운 후에 때로 익힐 것을 권한다. 그것은 서두름의 문제도 아니지만 절박함의 문제도 아니다. 오히려 공자는 그렇게 하는 것이 "또한 기쁘지 않은가?"라고 말한다.

"때로"라고 번역된 時를 놓고 해석이 분분하다. "때때로"라는 해석도 있고 "제때에"라는 해석도 있다. 가령 "때때로"라고 번역해도 간단치가 않다. 가령 김형찬은 이를 "때때로"라고 번역하고 나서 이렇게 말을 덧붙인다. "'때때로'라고 번역하였지만 '가끔'이나 '시간 날 때'의 의미로 오해해서는 곤란하다. '반복 학습하여 익힌다'는 뜻의 '습'(習)이라는 단어와 결합되어 있는 이 문맥에서는 '배운 것을 적용할 수 있는 기회가 있을 때마다 수시로 반복하여 익힌다'로 이해해야 한다."[62] 이렇게 해석하면 공자와 레닌이 크게 다른 말을 하는 것 같지도 않다.

하지만 우리는 오히려 그 "때"라는 게 왜 **없지를 않고 있는지**를 생각해 보아야 한다. 과유불급은 지나치지도 모자라지도 않은 적당한 것이 있다는 말이다. 중용이 없다면 과도불급도 있을 수 없다. 그렇다면 같은 이치에서 적당한 때라는 것도 있을 것이다. 그렇다면 그 "때"라는 건 도대체 왜 있는 것일까?

이 물음에 답하기 위해서는 오히려 레닌주의적 학생에게는 "때"라는 것이 따로 없다는 사실에 주목해야 한다. 배우고 배우고 또 배우는 사람은 고독한 사람이다. 농담 속의 레닌은 외딴 곳에서 고독하게 배우고 배우고 또 배우는 길을 선택한다. 이를 위해 아내도 멀리하고 정부도 멀리한다. 1차 대전 이후에 실제로 그렇게 했듯이. 홀로 남은 그는 말 그대로 '시도 때도 없이' 공부한다. 〈위플래쉬〉의 주인공 앤드류가 여자 친구를 잔인하게 버리고 연습에 매진하듯이 말이다.

"때"가 있다는 말은 삶이 있다는 말이다. 밥 먹을 때가 있고, 놀 때가 있고, 일할 때가 있듯이 말이다. 그런데 삶이 있다는 말은 고독하지 않다는 말이다. "때"라는 것은 가족이나 친구나 동료와 함께하는 삶 속에서 생겨난다. 그러한 삶 속에서는 배운 것

---

62 《논어》, 김형찬 옮김, 홍익출판사, 2005, 27쪽, 주2.

을 익힐 "때"가 자연스럽게 생겨난다. 그리고 그렇게 익히는 것이야말로 내심 기쁠 것이며, 긍정적인 정신적 자양분이 될 것이다.

공자는 배우는 자에게 친구가 있다고 말한다. 그래서 그는 "벗이 있어 먼 곳에서 찾아오면 또한 즐겁지 않은가?"라고 이어서 말한다. 벗이 왜 하필이면 "먼 곳에서" 찾아오는지는 역시 궁금하다. 하지만 공자가 또 이어서 하는 말에 수긍이 가지 않을 수 없다. "남이 알아주지 않아도 성내지 않는다면 또한 군자답지 않은가?"

레닌이나 지젝은 군자에 대해 말하는 게 아니라 혁명가에 대해 말하고 있다. 어떤 상황에서는 혁명가가 "배우고 배우고 또 배워야" 하는 때가 있다. 그런 상황에서는 친구도 애인도 멀리해야 한다. 더 나아가 그런 상황에서는 먼 곳에서 벗이 찾아와도 어쩌면 기쁘지 않을 것이다.

배우고 배우고 또 배운 후에 혁명가는 어쩌면 남이 알아주지 않을 때 성이 날지도 모른다. 왜냐하면 그는 세상에서 가장 좋은 것인 사랑도 멀리하면서 배우고 배우고 또 배웠기 때문이다. 하지만 벗이 찾아와 즐겁고, 배우고 때로 익히는 것이 기쁜 사람은 남이 알아주지 않아서 성낼 이유가 아무래도 더 적을 것이다.

그렇다면 문화를 위해 고독한 엘리트 혁명가를 키울 것이 아니라 남녀노소 불문하고 모두가 기쁘게 학습하고 즐겁게 교류하는 군자가 되는 것은 어떨까? 하지만 이제 그것이야말로 어떻게 가능할까? 나는 이 즐거운 고민을 독자의 몫으로 남겨 놓겠다.

9장

공자와 예수의 황금률은
어떻게 다른가

두 개의 황금률?

—

우리에게 잘 알려진 철학자 김용옥은 《중용》을 상세하게 해석하면서 두 개의 황금률에 주목한다. 하나는 물론 《중용》에 나오는 것이고 다른 하나는 《성경》에 나오는 것이다. 다시 말해서, 전자는 공자의 것이고 후자는 예수의 것이다.

공자: 자기가 원하지 않는 것은 남에게 베풀지 말라.
예수: 남에게 대접을 받고자 하는 대로 남을 대접하라.

전자는 소극적(negative) 방식으로 진술되어 있다. 즉 원하지 **않는** 것을 베풀지 **말라고** 진술한다. 반면에 후자는 적극적(positive)

173

방식으로 진술되어 있다. 즉 대접받고자 **하는** 대로 대접**하라고** 진술한다. 그래서 사람들은 전자를 소극적 황금률이라고 부르고 후자를 적극적 황금률이라고 부른다.

황금률이라는 명칭 자체는 서양에서 온 것이며, 예수의 저 핵심적 가르침을 지칭하기 위해 17세기부터 영어문화권에서 사용되기 시작한 말이다.[63] 공자의 저 말 자체는, 이미 〈1장〉에서 보았듯이, 서(恕)라고 하는 것에 대한 풀이라고 볼 수 있다. 《논어》에서 공자는 "하나의 말로서 종신토록 행할 만한 것이 있을까?"라는 자공의 물음에 이렇게 답한다: "서(恕)일 것이다. 자기가 원하지 않는 것은 남에게 베풀지 말라."[64] 그런데 공자의 이러한 가르침이 예수의 가르침과 유사하기에, 오늘날 양자 모두를 한데 묶어서 황금률이라고 부른다.

김용옥은 두 황금률의 이러한 차이가 갖는 근본적인 중요성에 주목하면서 이렇게 말한다. "이 네거티브와 포지티브의 차이는 인간세의 진정한 보편주의의 규정에 관하여 매우 심각한 견해 차이를 보이는 것이며, 어쩌면 유교 문명권과 기독교 문명권의 모럴 구조를 근원적으로 차별 짓는 중대한 성격의 핵심적 사태일

63 김용옥, 《중용한글역주》, 통나무, 2011, 355쪽.
64 《논어》, 15:23.

수도 있다."[65] 실로 이 정도의 차이가 함축되어 있는 것이라면 중차대한 차이라고 하지 않을 수 없다.

김용옥은 적극적 황금률이 "매우 고도의 헌신적, 희생적 삶의 형태를 창출할 수도 있지만, 무섭게 독선적인 위선을 인류사회에 만연케 할 수도 있다"고 본다.[66] 적극적 황금률의 또 다른 형태인 "네 이웃을 너 자신같이 사랑해야 한다"를 생각해 보자. 물론 그러기 위해서는 헌신적이고 희생적 행위가 필요할 수도 있을 것이다. 하지만 이러한 적극적 황금률이 어떻게 보편적인 계율이 될 수 있다는 말인가? 어떻게 모든 사람을 나 자신같이 사랑할 수 있다는 말인가? 오히려 그렇게 할 수 있겠다고 하는 사람이야말로 매우 독선적이고 자기 방식만을 아는 사람일 수 있다. 따라서 김용옥의 결론은 이렇다. "모든 보편성은 네거티브해야 한다." 즉 "그것은 최소한의 규정에 머물러야 한다. 칸트가 말하는 정언명령도 기실 도덕적 내용의 규정이 아닌 최소한의 형식적 규정에 불과한 것이다."[67]

그런데 얄궂게도 칸트는 소극적 황금률이 보편적 원리가 될 수

65 김용옥,《중용한글역주》, 356쪽.
66 같은 책, 360쪽.
67 같은 책, 358쪽.

없다고 말했다. 그러고는 이를 보여 주기 위해서 범죄자와 재판관의 사례를 든다.[68] 즉 범죄자는 소극적 황금률을 근거로 해서 "당신이 감옥에 가고 싶지 않다면, 나를 감옥에 보내서는 안 된다"고 주장할 수 있다.[69]

도덕법칙의 보편성을 주장한 것으로 유명한 철학자는 칸트다. 김용옥은 적극적 황금률이 아니라 소극적 황금률만이 보편적인 도덕적 원리가 될 수 있다고 말한다. 그런데 칸트는 황금률이 그러한 원리가 될 수 없다고 말했으며, 하필이면 이때 소극적 황금률을 언급하고 있다.

한 가지 가설

—

이제 칸트가 든 범죄자와 재판관 사례를 좀더 자세하게 들여다보자. 여기서 황금률은 범죄자에 의해 악용되고 있다. 재판관은 범죄자의 범죄에 대해 판결을 내려야 한다. 하지만 범죄자는 재판관의 그러한 정당한 임무 수행을 인정하지 않고 있다. 여기서 황

68 임마누엘 칸트, 《윤리형이상학 정초》, 백종현 옮김, 아카넷, 2005, 150쪽.
69 유일환, 〈칸트의 황금률 비판과 유가의 충서 개념〉, 《철학사상》, 53권, 2014, 10쪽.

금률이 적용되지 않는 이유는 무엇일까? 아니, 황금률이 적용될 경우 오히려 황금률이 갖는 도덕적 원리로서의 지위가 상실되는 이유는 무엇일까?

이를 설명하기 위해 나는 이제 다음과 같은 가설을 세우려고 한다. 황금률은 동등하지 않은 자들 사이에서는 적용될 수 없다. 이 가설은 칸트가 든 범죄자와 재판관 사례에 적용될 수 있다. 그 둘은 동등한 위치에 있지 않으며, 그런 경우 이 가설에 따르면 황금률은 적용되지 않는다.

이 가설을 지배와 예속의 관계인 주인과 노예 사례에 적용해 보자. 주인은 노예 대접을 원하지 않는다. 소극적 황금률에 따르면 자기가 원하지 않는 것은 남에게 베풀지 말아야 한다. 그렇다면 주인은 노예를 노예로 대접하지 말아야 한다. 그렇지만 주인과 노예라는 수직적 관계에서 이는 불가능한 일이다. 그 관계를 철폐하지 않는 이상 말이다.

우리에게 친숙한 선후배 관계를 생각해 보자. 이 관계 역시 동등한 관계가 아니며, 위아래를 따지는 관계다. 그럴 때 선배는 후배로 대접받기를 원하지 않을 것이다. 하지만 그렇다고 해서 후배를 후배로 대접하지 않을 수는 없는 일이다. 선후배 관계를 더 이상 따지지 않겠다는 의미가 아니라면 말이다.

동등하지 않은 관계에서는 황금률이 적용될 수 없다는 우리의 가설은 소극적 황금률에 잘 적용되는 것처럼 보인다. 그렇다면 적극적 황금률의 경우는 어떨까? 주인은 노예가 자신을 주인으로 대접하기를 바랄 것이다. 그런데 적극적 황금률을 따를 경우 주인은 노예가 자신을 대접하기를 바라는 방식으로—즉 주인으로—노예를 대접해야 한다. 그렇지만 주인과 하인 관계를 철폐하지 않는 이상 이는 불가능한 일이다. 선후배 관계 역시 마찬가지다. 선배는 후배가 자신을 선배로 대접하기를 바랄 것이다. 그런데 바로 그러한 방식으로 후배를 대접한다는 말은 마치 내가 후배인 양 후배를 선배로 대접한다는 말이다. 하지만 이는 선후배 관계를 철폐하지 않는 이상 불가능하다.

동등하지 않은 관계에서 황금률은 적용되지 않는다. 그렇다면 황금률은 친구나 또래 같은 동등한 관계에서만 적용될 수 있다는 말일까? 하지만 그렇다면 어떻게 황금률이 인간 도덕의 보편적인 원리가 될 수 있을까? 인간은 모두 똑같다고는 하지만 동등하지 않은 관계들이 너무나도 많은 우리가 사는 이 세상에서 말이다. 그렇다면 황금률은 보편적 원리가 될 수 없다고 한 칸트의 말이 옳은 것 아닐까?

수직적 계열관계

—

우리는 지금까지 동등하지 않은 관계에서 황금률은 적용되지 않는다는 가설을 세우고 이 가설이 적용되는 사례들을 살펴보았다. 하지만 아직 우리는 이 가설을 반박하는 사례가 있는지 살펴보지 않았다. 이 가설을 반박하는 사례란 동등하지 않은 관계에서 황금률이 적용되는 사례를 말한다.

그런데 흥미롭게도 김용옥이 소극적 황금률을 이끌어 낸 유학의 경전들에는 실로 그러한 사례가 많이 나온다. 가령《대학》에는 이런 구절이 나온다.

윗사람에게서 싫었던 것으로 아랫사람을 부리지 말고, 아랫사람에게서 싫었던 것으로 윗사람을 섬기지 말라.[70]

소극적 황금률에 따르면, 자기가 원하지 않는 방식으로 남을 대하지 말아야 한다. 그런데 나는 윗사람이 어떤 방식으로 나를 대하는 게 싫었다. 그렇다면 바로 그 방식으로 아랫사람을 대하

70 《대학》, 10.

지 말아야 한다. 가령 선임병이 나를 괴롭혔던 것이 싫었다면 복수를 하듯 똑같은 방식으로 후임병을 괴롭히는 일을 하지 말아야 한다. 이러한 사례는 소극적 황금률이 적용되는 사례이면서도 동등하지 않은 관계에 적용되는 사례다.

하지만 이런 일이 어떻게 가능하단 말인가? 조금 전에 우리는 황금률이 동등하지 않은 관계에 적용되지 않는다는 것을 보았다. 그리고 지금 (소극적) 황금률이 동등하지 않은 관계에 적용되고 있는 것을 보고 있다. 이 모순되는 사실을 어떻게 설명할 수 있을까? 이 사실을 설명하기 위해서 나는 이제부터 "수직적 계열"이라는 개념을 도입하려고 한다.

우선 수직관계는 계열적일 수 있고 그렇지 않을 수 있다. 주인과 노예는 분명 수직관계다. 하지만 계열적이지는 않다. 형제관계는 수직적인 동시에 계열적이다(첫째, 둘째, 셋째,…). 노예의 주인은 다른 누군가의 노예일 수 없으며, 주인의 노예는 다른 누군가의 주인일 수 없다. 하지만 누군가의 동생인 나는 다른 누군가의 형일 수 있다.

비계열적 수직관계: 노예 – 주인

계열적 수직관계: …형 – 동생 = 형 – 동생…

소극적 황금률은 비계열적 수직관계에는 적용될 수 없다. 하지만 계열적 수직관계, 즉 수직적 계열관계에는 적용될 수 있다. 나는 누군가의 동생이지만 누군가의 형이기도 하다. 이럴 때 소극적 황금률은 형이 나를 대하는 방식이 싫다면 그 방식으로 동생을 대하지 말라고 말한다. 나와 동생의 형-동생 관계는 또 다른 형-동생 관계인 나와 형의 관계를 통해 매개된다.

비계열적 수직관계는 둘 사이의 직접적 관계다. 반면에 수직적 계열관계는 삼자관계다. 물론 형과 나, 그리고 나와 동생이라는 이자관계들이 있지만, 그 두 관계는 똑같은 형-동생 관계로서 서로 맞물려 있다. 그런데 그러기 위해서는, 즉 수직관계에 황금률이 적용되기 위해서는 그 관계가 계열적인 것이어야 한다.

이제 앞 절에서 동등하지 않은 관계에서 황금률은 적용되지 않는다는 우리의 가설을 보여 주기 위해 사용된 선후배 관계 사례를 다시 살펴보자. 선배 A는 후배 B에게서 후배로 대접받기를 원하지 않는다. 하지만 A는 그럼에도 불구하고 B를 후배로 대접한다. 그리고 이는 자연스러운 일이므로 우리는 소극적 황금률이 여기 적용되지 않는다고 말했다.

하지만 이때 우리는 선후배 관계를 A와 B의 이자관계로 다루고 있었다. 선배와 후배의 관계가 계열적 관계가 아니라 이자관계로 축소되면 황금률은 적용될 수 없다. 하지만 계열관계라면 이야기가 달라진다. 선배인 A는 나=B를 후배로 대하며, 나는 바로 그 방식으로 후배인 C를 대한다. 소극적 황금률은 바로 그때 내가 선배에게서 싫었던 것을 후배에게 하지 말라고 말하는 것이다. 따라서 공자는 동등하지 않은 관계에서, 계열적 관계가 동등함=공평함을 품을 수 있는 가능성에 주목했다고 볼 수 있다.

적용의 차이

—

김용옥은 소극적 황금률과 적극적 황금률의 차이에서 유교 문명과 기독교 문명의 차이를 본다. 그런데 유교의 경전들에는 소극적 황금률만이 아니라 적극적 황금률의 사례도 들어 있다.

군자의 도는 넷이 있으나, 나 구(丘)는 그중 한 가지도 능하지 못하도다! 자식에게 바라는 것으로써 아버지를 잘 섬겼는가? 나는 이것에 능하지 못하도다. 신하에게 바라는 것으로써 임금을 잘 섬겼는가? 나는 이것에 능하지 못하도다. 아우에게 바라는 것으로써 형님을 잘 섬겼는가? 나는 이것에 능하지 못하도다. 붕우에게 바라는 것

을 내가 먼저 베풀었는가? 나는 이것에 능하지 못하도다.[71]

평등한 친구 관계인 마지막 붕우의 경우를 제외한다면, 여기서 열거되고 있는 관계는 모두 수직적 계열관계다. 또한 여기서 확인되는 황금률은 적극적인 것이다. 가령 아우에게 바라는 것으로써 형을 섬긴다는 말을 보자. 나는 아우가 형인 나를 어떻게 대해 주었으면 하는 게 있다. 그런데 바로 그 방식으로 나는 나의 형을 대해야 한다. 이는 분명 적극적 황금률에 해당한다. 다만 그 적극적 황금률이 수평적 이자관계에 적용되는 것이 아니라 수직적 계열관계에 적용되고 있는 것이어서 나의 아우, 나, 나의 형 이렇게 삼자가 등장하는 것이다.

이제 우리는 황금률의 차이가 소극성과 적극성에만 있는 게 아니라는 것을 알게 되었다. 황금률은 또한 어떤 관계에 적용되느냐에 따라서 적용 방식이 다를 수 있다. 소극적 황금률이건 적극적 황금률이건 A-B 이자관계에 적용될 수도 있다. 이때 그 관계는 수평적이어야 한다. 황금률은 또한 A-B-C 삼자관계에 적용될 수도 있다. 이 경우 황금률은 수직관계에도 적용될 수 있다.

---

71 《중용》, 13:4.

첫째, 적극적 황금률은 성서만이 아니라 유교의 경전에도 나온다. 둘째, 유교의 경전에 주로 등장하는 황금률 적용 방식은 A-B 유형이 아니라 A-B-C 유형이다.

김용옥은 유교 문화와 기독교 문화, 혹은 동양과 서양의 차이가 어쩌면 황금률의 차이에 있을 수 있다는 것을 직감했다. 이는 김용옥의 탁월한 점이다. 하지만 그는 황금률의 차이를 좀더 세밀하게 들여다보는 데는 성공하지 못했다.

적대와 원망, 그리고 어떤 결론
—

김용옥은 예수의 다음과 같은 말을 인용한다. "누가 내 모친이며 내 동생들이냐?"라는 말이다. 예수가 군중에게 말하고 있을 때였다. 예수의 어머니와 형제들이 예수에게 할 말이 있어 찾아왔다. 어떤 사람이 예수에게 어머니와 형제들이 밖에서 기다린다고 말하자 예수는 그에게 저렇게 말한 것이다. 그러고는 누구든지 하늘에 있는 내 아버지의 뜻에 따라 사는 사람이 바로 내 형제와 자매이며 어머니라고 말한다.

이 번역은 개역개정 한글성경본이다. 공동번역본에는 "누가 내

어머니이고 내 형제들이냐"고 되어 있다. 다시 말해서 'brother'를 '동생'이라고 번역하는 경우도 있고 '형제'라고 번역하는 경우도 있는데, 김용옥은 '동생'이라고 번역하는 번역본을 인용한다.

'brother'라는 말은 형이라는 뜻도 아니며 동생이라는 뜻도 아니다. 다만 남동기라는 뜻일 뿐이다. 즉 이 말은 위아래 구분을 전제하고 있지 않은 말이다. 하지만 형과 동생은 그렇지 않다. 따라서 '동생'이라고 하는 대신 형과 동생을 합쳐 놓은 '형제'라고 번역한다고 꼭 더 나아지는 것이 아닐지도 모른다. 하지만 '형제'에 비해 '동생'이라는 말이 노골적으로 수직적인 표현인 것도 사실이다.

김용옥은 하필이면 서양에 형과 동생의 구분이 엄격하게 있는 것처럼 전제하고 있는 성경 번역을 가져다 쓴다. 하지만 서양에서 형제 사이의 관계는 수평적이다. 물론 바로 그만큼 경쟁과 갈등의 소지가 높은 관계이기도 하다. 반면에 동양의 경우 동기간에는 처음부터 위아래가 있으며, 그렇기에 수직적 관계다. 우리의 문화는 그것을 전제로 한다. 공자도 그것을 전제하고 있듯이 말이다. 형제라는 수직적 관계는 공자나 유학에 의해 발명된 것이 아니다. 오히려 그것은 공자가 전제하고 있는 것이며, 공자가 직면하고 있었던 것이다. 하지만 김용옥은 이러한 사실에 민감하지 않다.

공자는 그러한 전제하에 무슨 일을 하려고 했던 것일까? 궁극적으로 그는 예수와 동일한 것을 하려고 했다. 즉 인간관계에서 생겨날 수 있는 불화를 제거하려고 했다. 하지만 그것이 가령 똑같은 형제관계라고 해도 예수와 공자가 직면하고 있는 관계는 다른 종류의 것이었다. 예수는 수평적 관계에 직면하고 있었고 공자는 수직적 관계에 직면하고 있었다.

수평적 관계에서 불화가 발생할 때 그 불화는 적대를 낳는다. 나와 너는 적이 된다. 그렇기에 예수는 "Love your enemy", 즉 "너의 적을 사랑하라"고 말한다.[72] 반면에 수직적 관계에서는 불화가 발생하더라도 적이 되기는 쉽지 않다. 가령 형과 동생의 유대는 깨지지 않고 지속될 것이다. 이러한 관계에서 발생하는 불화는 적대가 아니라 원망을 낳는다. 그렇기에 공자는 황금률을 따를 때 "나라에 원망이 없고, 가정에 원망이 없다"고 말한다.[73] 아마도 한국인에게 익숙한 한(恨)은 적대감이 쌓인 것이 아니라 원망이 쌓인 것이라고 보아야 할 것이다.

한국의 전통 사회에서는 한이 한국인의 고유한 정서가 될 정

72 이 말은 통상 한국어로 "너의 원수를 사랑하라"로 번역되고 있다.
73 《논어》, 12:2.

도로 원망이 많았다. 오늘날도 그러한 것이라면 공자의 가르침이 여전히 유효할 것이다. 하지만 요즘은 알다시피 사회적으로 적대가 두드러진다. 수직적 계열관계의 풍부한 배움터였던 친족제도가 사실상 해체되고 있는 오늘날, 수직적 계열관계에 근본적인 균열이 생기고 있는 것일지도 모른다. 오늘날은 어쩌면 새로운 공자가 등장할 때일지 모른다.

일상적인 것들의 철학

초판 1쇄 발행 | 2016년 5월 30일

지은이　　이성민
책임편집　여미숙
디자인　　이미지

펴낸곳　　　바다출판사
발행인　　　김인호
주소　　　　서울시 마포구 어울마당로5길 17(서교동, 5층)
전화　　　　322-3885(편집), 322-3575(마케팅부)
팩스　　　　322-3858
E-mail　　badabooks@daum.net
홈페이지　www.badabooks.co.kr
출판등록일　1996년 5월 8일
등록번호　　제10-1288호

ISBN　978-89-5561-838-9　03100